AF458507

NOUVEAU VOYAGE AU TOUR DU MONDE.

LETTRE QUATORZIE'ME.

A la Baye de Tous les Saints, le 24. Novembre 1717.

LA datte de cette Lettre vous fera connoître, Monsieur, que je m'approche de votre Monde, & que j'ai enfin achevé, après bien des travaux, le tour de l'un & de l'autre Hemisphere. Je me persuade que si j'avois fait ce beau Voyage, il y a 60. ans, on m'aum'auroit fait l'honneur de parler de moi dans les Gazettes, ou dans le Mercure Galant : que sai-je? On m'auroit peut-être annoncé à la Foire Saint Germain comme un animal rare, venu des Païs lointains: mais par malheur tout le monde se mêle aujourd'hui de faire le Tour du Monde, & comme dit Horace *.

Necquicquam Deus abscidit
Prudens Oceano dissociabili
Terras, si tamen impiæ
Non tangenda rates transiliunt vada.

Excusez ce petit mot d'érudition, il est peut-être mal placé, mais je ne l'effacerai pas.

Je vais maintenant vous faire part de nos avantures maritimes, & des dangers que nous avons courus depuis dix mois. Nous partîmes du Port d'Emouy le 12. Fevrier de cette année, & nous faillîmes à faire naufrage avant même que d'être hors du Port; notre Vaisseau ayant touché rudement sur une roche qui est à la pointe de l'*Est* de l'Isle de Colomsou, où le courant de la Riviere nous entraîna mal-

* *Ode III. Libri I.*

malgré nous. Notre dessein, & la veritable manœuvre étoit de ranger l'Isle d'Emouy plûtôt que les Côtes de Colomsou, mais le Vaisseau étoit si embarrassé & si mal lesté que tout l'art devint inutile. Il survint un moment après une bourasque qui coucha le Navire sur le côté; il fallut amener les voiles & jetter l'ancre au milieu de la Baye, environ à deux lieuës de la Ville.

Les Marchandises n'étoient point un lest suffisant, & il étoit impossible que le Vaisseau pût tenir la Mer en cet état: on remédia promptement à cet inconvénient, en faisant un nouvel arrimage, & en mettant les Caisses les plus pesantes dessous les plus legeres, ce que la précipitation de notre départ nous avoit fait omettre. On lesta le Vaisseau de gros sable au deffaut des pierres qu'on ne pût trouver dans cette Baye, & pour empêcher que ce sable ne se répandît dans le fond de cale, & n'endommageât les pompes, on le renferma dans des sacs d'osier; précaution qu'on doit toûjours avoir quand on est contraint par la necessité de se charger de ce mauvais lest.

Nous restâmes cinq jours dans cette Baye. Les Chinois venoient pendant la nuit nous offrir differentes Marchandises à un prix fort modique, mais il n'étoit plus tems, & nous n'avions plus d'argent. *

Le 17. nous mîmes à la voile à la faveur d'un vent de *Nordest*, & nous fîmes route au *Sudest* pour éviter une roche qui est au milieu de la Baye. La Mer étoit fort agitée ; nos miseres recommencerent, & contre ma coûtume je sentis que mon cœur étoit foible. Je fixai le point de mon départ aux Isles qui forment l'entrée de la Baye d'Emouy, lesquelles sont situées à 24. degrez 30. minutes de latitude Septentrionale, & à 153. degrez de longitude.

Toute cette Côte me parut habitée & très-peuplée ; j'en jugeai par le nombre des gros Bourgs & des Villages que j'apperçûs. La Mer, qui est fort poissonneuse le long de cette plage, étoit couverte de Batteaux de Pêcheurs, qui tendoient leurs filets jusqu'à six lieues loin de terre.

Le

* Quelques particuliers néanmoins acheterent quelques petits Lingots d'or ; le profit est certain sur cette sorte de Marchandise, & il y a toûjours 50. ou 60. pour cent de benefice.

Le 19. les vents furent fort variables depuis le *Sudest* jusqu'au *Nordest*. Nous observâmes la latitude de 21. degrez 14. minûtes.

Le 20. le vent cessa. Nous fondâmes à la vûe de terre à 30. brasses de profondeur. A midi le vent se leva du côté de l'*Est*, & un brouillard épais nous ayant dérobé la vûe de plusieurs Isles que nous voulions reconnoître pour regler notre route, nous ne pûmes découvrir l'Isle *Montanao*, qui est à l'entrée de la Riviere de *Canton*. Toute cette Côte est située *Nordest* cinq degrez *Nord*, & *Sudouest* cinq degrez *Sud*. La variation de l'aiguille est dans ces parages de 2. degrez 30. minutes vers le *Nordouest*.

Le 22. nous observâmes la latitude qui étoit de 20. degrez 48. minutes, & la longitude fut de 128. degrez 20. minutes. Nous apperçûmes alors une Isle fort grande au No $\frac{o}{o}$ N. environ à dix lieues de distance; on la chercha vainement sur les Cartes, elle nous parut pourtant assez grande pour meriter d'y être.

Le 23. l'air se couvrit de nuages, & nous perdîmes la terre de vûe. On fonda à 70. 75. & 60. brasses. On fit route vers le soir à *Ouest Sudouest*, pour reconnoinoître l'Isle d'Aynam, dont la vûe est necessaire pour s'assurer du passage entre le Paracel & la Côte de la Cochinchine. Le Paracel est un banc de rochers qui s'étend fort loin, & dont l'approche est très-dangereuse.

Le 24. nous apperçûmes au point du jour l'Isle d'Aynam, à 5. lieues de distance: cette Isle est fort haute & bordée de plusieurs autres petites Isles, ausquelles les Geographes, ni les Voyageurs n'ont point encore donné de nom. *

Le 26. nous nous trouvâmes enfoncez dans une espece de Golphe, & la terre parut de tous côtez. On fonda à 50. brasses, à 5. lieues environ de distance. Nous vîmes un nombre presqu'infini de Barques & de Vaisseaux Cochinchinois, dont plusieurs s'approcherent de nous à la portée d'un fusil, mais aucun n'osa nous aborder, quelques signes que nous leur fissions. Il nous auroit été aisé d'armer notre Chaloupe & d'aller savoir ce qu'ils vouloient, mais cela auroit retar-

dé

* J'ai vû une belle Relation de cette Isle écrite par M. Gardin, qui y a fait un long sejour. Comme il a dessein de la donner au Public, c'est à son Livre que je vous renvoye.

de notre route, & le vent nous étoit si favorable, que nous voulûmes en profiter. La fabrique de ces Vaisseaux me parut semblable à celle des Vaisseaux Chinois, mais les Cochinchinois avoient le teint plus basanné, & étoient, à mon avis, plus laids que les Chinois : aussi ce climat est-il beaucoup plus chaud que celui de la Chine. Nous vîmes plusieurs serpens & des Couleuvres fort grosses que les Rivieres de la Cochinchine avoient sans doute entraînées dans la Mer. Je ne sai comment ces animaux peuvent vivre dans l'eau salée : il est vrai qu'ils ont peu de mouvement, & nos Matelots en ayant pris quelques-uns, à peine pouvoient-ils ramper sur le Tillac ; cependant ils sont vivans, & il y a beaucoup d'apparence qu'ils vivent long-tems dans la Mer. Ce qui me surprend encore est que les poissons, dont ces Mers abondent, ne les mangent point.

Toutes les Isles qu'on trouve le long de cette Côte sont beaucoup plus voisines de la terre qu'elles ne sont marquées sur les Cartes, & les courans, jusqu'à l'Isle d'Aynam, ne portent point au Sud avec tant de rapidité que les Inſtructions le marquent: mais comme les courans ſont plus ou moins forts, ſelon la qualité du vent, il ne faut pas s'en tenir aux Inſtructions.

Le 28. au matin les ſentimens de nos Pilotes furent fort partagez à la vûe de deux Iſles que nous ne pouvions trouver ſur nos Cartes. Les uns diſoient que ces Iſles étoient celles de *Pulo Canton* *; les autres soûtenoient le contraire, parce qu'elles étoient trop près de la terre, & que les Cartes les marquent beaucoup plus éloignées. J'ai remarqué que ceux d'entre les Pilotes qui ont les meilleurs poumons & qui jurent le mieux, remportent toûjours le prix de l'éloquence, & entraînent les autres à leur opinion. C'eſt une eſpece d'art oratoire, une douce perſuaſion qui n'eſt propre qu'aux gens de ce métier. Pendant cette diſpute, nous apperçûmes un Vaiſſeau entre la terre & nous. Le bruit avoit couru avant notre départ de la Chine qu'il y avoit un Forban dans ces Mers, & comme ce Vaiſſeau pouvoit être celui que nous devions craindre, on ſe prépara au combat. Nous tirâmes un coup de Canon en arborant notre

* *Pulo*, en Langue Malaye, veut dire *Iſle*.

tre Pavillon, & nous nous approchâmes assez près du prétendu Pirate pour reconnoître que la fabrique de ce Navire étoit Portugaise. Cependant comme il n'arboroit point de Pavillon, & qu'il continuoit tranquillement sa route, nous étions prêts à l'attaquer & à faire feu sur lui, lorsqu'enfin il amena une partie de ses voiles & arbora un Pavillon Portugais. Nous envoyâmes un Officier à bord qui rapporta que ce Vaisseau venoit de *Macaô*, & qu'il alloit dans le Golphe de Siam. Le Capitaine qui étoit Portugais, & par conséquent Pilote & experimenté dans ces Mers, assura que les Isles que nous voyions étoient celles de *Pulo Canton.* Il fit plusieurs corrections sur nos Cartes qui nous furent fort utiles dans la suite, surtout pour l'entrée du Détroit de *Banca*.

Le Portugais s'offrit de nous servir de guide pendant quelques jours, & nous dit qu'il y avoit entre ces Isles & la Terre ferme un passage facile, & qui abregeoit le chemin. Mais après quelques déliberations nous aimâmes mieux aller moins vîte & avec plus de sûreté. Le Vaisseau Portugais étant petit & construit à plates varangues, pouvoit passer aisément par un Canal peu profond; mais il n'en étoit pas ainsi du nôtre qui tiroit seize pieds d'eau. Nous remerciâmes le Capitaine Portugais, & comme nous nous étions trop engagez dans le Golphe, nous louvoyâmes en faisant route au *SSE* pour doubler le Cap le plus oriental des Isles de *Pulo Canton*.

Le 4. de Mars à trois heures après midi nous nous trouvâmes entre *Pulo Cesir* de terre & *Pulo Cesir* de mer. La sonde étoit de dix brasses. Nous eûmes alors une allarme qui dura peu, mais qui fut chaude. Les Matelots qui étoient en sentinelle s'écrierent tout d'un coup qu'ils voyoient à une distance peu considerable un écueil sur lequel le Vaisseau alloit se briser. Je dormois alors, parce que les dangers qui sont si frequens dans ces parages ne me permettoient gueres pendant la nuit un sommeil tranquille. Un cri terrible d'*arrive tout* me reveilla en sursaut. Le tumulte, la confusion, la crainte de la mort que je vis peinte sur le visage de tout le monde m'épouvanterent de telle sorte, que je fus long-tems sans pouvoir rappeller mes esprits. Cependant le danger étoit imaginaire, & il eût été presqu'impossible

de

de l'éviter s'il avoit été réel ; car il n'est pas aisé de faire tout d'un coup changer de route à un Vaisseau, à cause de la détermination violente de son mouvement. Loin de reprocher aux Matelots leur terreur panique, on les exhorta à renouveller leur attention, & à donner avis des moindres apparences de danger qu'ils connoîtroient, aux risques d'avoir de fausses allarmes.

On ne peut naviger avec trop de prudence dans ces Mers ; les écueils y sont infinis, & elles seroient impraticables si la sonde ne servoit de guide. Nous fîmes route à *Oso* pour chercher une profondeur plus considerable, & nous trouvâmes en effet 15. & 20. brasses un quart d'heure après.

Le 5. nous gouvernâmes au S. $\frac{1}{4}$ SE, & les Pilotes crurent qu'en tenant cette route, nous pouvions aisément passer au large de *Pulo Condor*. Vers la moitié de la nuit il se leva un vent frais, & nous navigions avec une entiere securité, croyant être à plus de 30. lieues à l'*Est* de *Pulo Condor*. Je dis à un Officier avec qui je me promenois alors sur le Château de Pompe, qu'il me sembloit voir un Vaisseau à la voile, autant que l'obſcurité pouvoit me le permettre. Ayant jetté la vûe du côté que je lui marquois, au lieu de me répondre, il cria d'une voix forte, qu'il falloit arriver, & que nous étions perdus. Jamais danger ne fut plus évident, ni plus prochain; car ſi le Vaiſſeau avoit fait encore une demie lieue, nous periſſions ſans reſſource. Malgré les tenebres, nous vîmes la terre de toutes parts. On jetta l'ancre avec bien de la peine, parce que n'ayant point prévû cet accident; les manœuvres ſe trouvoient embarraſſées. Le jour qui parut trois heures après nous montra *Pulo Condor*, deſorte que nous pouvions diſtinctement remarquer ſon rivage, & la Mer qui ſe briſoit contre les écueils dont il eſt bordé.

Il y eut alors de grands raiſonnemens parmi nos Pilotes, qui attribuerent tous, ſelon leur coûtume, une erreur ſi conſiderable aux courans. Pour moi qui ne ſuis qu'un Apprentif Pilote, quoiqu'à mon entêtement je puiſſe quelquefois paſſer pour maître, je rejettai cette erreur en partie ſur les courans, en partie ſur les Geographes, qui mettent *Pulo Condor* beaucoup plus à l'*Oueſt* qu'il n'eſt n'eſt en effet. Les obſervations que nous fîmes juſtifient cette opinion. La variation étoit de cinq degrez vers le *Nordoueſt*, la latitude de huit degrez dix minutes, à huit lieues de diſtance, & la longitude de 122. degrez 58. minutes.

Pulo Condor eſt une Iſle fort haute, qui paroît aride du côté de l'*Oueſt*, mais qui eſt couverte d'arbres du côté du Nord, où les Anglois ont une Factorie pour le commerce de Siam & de la Cochinchine. Il y a auſſi pluſieurs autres petites Iſles dont elle eſt environnée; & ce que j'avois pris la nuit pour un Vaiſſeau à la voile étoit un rocher haut & droit qui ſe termine en pyramide. Au reſte nous navigions fort cavalierement, pour ne pas dire en étourdis, & je crois que dans des Mers comme celles-là, où les vents & les courans ſont variables, la prudence demande qu'on paſſe la nuit à l'ancre plûtôt que de ſe riſquer à aller pendant l'obſcurité briſer ſon Vaiſſeau ſur quelque écueil. Le proverbe qui dit qu'*il vaut mieux arriver une heure trop tard qu'un quart d'heure trop tôt*, ſe doit entendre à la lettre ſur la Mer.

Le huitiéme les courans porterent

tantôt au *Sud*, tantôt à l'*Oueſt*, & nous prolongeâmes la terre de Malaya. Nous vîmes *Pulo Capas*, au Nord duquel il y a une Roche qui reſſemble à un Vaiſſeau à la voile, lorſqu'on en eſt à cinq lieues de diſtance. Ces Iſles ſont ſituées plus au Sud que les Cartes ne le marquent. La ſonde fut de 35. braſſes, à trois lieues de *Pulo Capas*, & depuis le cinq de ce mois juſqu'au neuf nous fîmes route au So $\frac{1}{4}$ S.

Le 9. la chaleur commença à ſe faire ſentir; nous étions à la latitude de trois degrez 25. minutes, & à 121. degrez 54. minutes de longitude. Nous approchions de la Ligne Equinoctiale; la pluie nous incommodoit beaucoup, parce que les nuages obſcurciſſoient l'air, & nous empêchoient de reconnoître pluſieurs Iſles dont la vûe étoit neceſſaire pour s'aſſurer de l'entrée du détroit de *Banca*.

Le dixiéme nous fîmes route au *SSE* à la vûe de la terre de *Malaya*. On fonda à 45. braſſes, & nous apperçûmes une Iſle qui cauſa encore de grandes diſputes parmi nous. Il y a des Pilotes qui ſont quelquefois ſi opiniâtres, ou ſi ſcrupuleux, que ſemblables aux

Mede-

Medecins, ils veulent que tout se fasse selon les regles de l'art. Ceux-là ne vouloient point que cette Isle fut *Pulo Timon*, parce qu'elle nous paroissoit beaucoup plus au Sud qu'elle ne l'est sur les Cartes. Néanmoins ceux qui par l'experience que nous avions déja faite, avoient remarqué que toutes ces Isles étoient mal situées sur les Cartes, furent d'un avis contraire ; & ce qui acheva de faire connoître que c'étoit-là *Pulo Timon*, fut la connoissance que nous eûmes une heure aprés de deux autres Isles, dont l'une s'appelle *Pulo Pian*, & l'autre *Pulo Hau*. Les courans porterent tout le jour vers le Sud avec beaucoup de rapidité.

Le 11. il se leva un vent frais qui tempera la chaleur de la Ligne Equinoctiale.

Le 12. nous nous approchâmes de la terre à la sonde de 18. & 19. brasses, & nous vîmes plusieurs Isles qui sont situées à l'embouchure du Détroit de *Malaca*. La pointe du Sud de l'Isle de *Lingam* restoit à *Ouest Sudouest* à 5. lieues de distance. Toutes ces Isles forment une perspective charmante, elles sont couvertes d'arbres qui sont toûjours

verds :

verds : cependant j'en crois le ſejour incommode & mal ſain à cauſe de la chaleur exceſſive de ce Climat. Ce même jour nous crûmes, ſelon notre eſtime & ſelon nos obſervations, être ſous la Ligne Equinoctiale, à 122. degrez 20. minutes de longitude. Nous éprouvâmes trois Saiſons dans un mois. Je vous ai déja dit, Monſieur, qu'en partant de la Chine le froid ſe faiſoit vivement ſentir : vers les 14. degrez de latitude Septentrionale, c'eſt-à-dire, 15. jours après notre départ, nous eûmes le Printems, & à la fin du mois un Eté brûlant, & une chaleur preſqu'inſuportable.

Le 23. la pluye & l'orage raffraichirent l'air. Je ne ſai comment on oſe ſe guider ſur les vûes ou perſpectives d'une terre qu'on deſſine ſur mer. Nous avions des Plans levez par de très-habiles gens, & néanmoins les terres & les montagnes ne paroiſſoient point à nos yeux telles qu'ils les avoient deſſinées. Pour moi je ſuis perſuadé que ſi deux Ingenieurs levent dans deux Vaiſſeaux differens le Plan d'une même terre, ce plan ou cette perſpective ſera differente, ſi la diſtance des deux Vaſſeaux eſt ſeulement d'une demie lieue : enſorte que pour ſe ſer-

vir

vit utilement de tous les plans qu'on porte ordinairement ſur la mer, il faudroit que le Vaiſſeau où l'on eſt ſe trouvât juſtement au même point, & pour ainſi dire, au même Zenith où étoit le Vaiſſeau ſur lequel les plans ont été levez, ce qui eſt moralement impoſſible. Je crois auſſi que depuis la Chine juſqu'au détroit de la Sonde, la ſonde & la latitude ſont les meilleurs guides, car il faut peu ſe fier aux courans qui ſont variables, ſelon les Saiſons, & qui ne portent pas toûjours au rhumb de vent ſuppoſé avec la même force.

Vers le ſoir il ſe leva un vent fort, mais la Mer reſta tranquille, & ne fut preſque point agitée. Nous vîmes ſept Iſles peu diſtantes les unes des autres. La ſonde fut depuis 13. juſqu'à 15. braſſes. Le vent ceſſa pendant la nuit.

Le 14. nous reconnûmes d'un côté la haute montagne de *Manopin*, qui eſt dans l'Iſle de *Banca*, & de l'autre côté l'Iſle de *Sumatra*, dont le terrain me parut peu élevé, & couvert d'arbres juſques ſur le rivage.

Nous gouvernâmes au S. $\frac{1}{4}$ SE. ayant toûjours la ſonde à la main & faiſant petites voiles.

Le détroit de *Banca* eſt formé par les Iſles de *Banca* & de *Sumatra*. On trouve à l'entrée du Canal 8. braſſes de profondeur. Nous paſſâmes à 4. lieues de diſtance de la Montagne nommée *Manopin*, faiſant route au S. $\frac{1}{4}$ SO. Vers les 7. heures du ſoir on jetta l'ancre à 7. braſſes de profondeur, & le fonds étoit de vaſe mêlée de coquillages. La Montagne de *Manopin* nous reſtoit au S. SE. & à 5. lieues de diſtance. Il faut en entrant dans ce détroit éviter également l'approche de l'Iſle de *Banca*, & celle de l'Iſle *Sumatra*, & prendre le Canal dans une diſtance égale de ces deux Iſles. La ſonde regle enſuite la route, & ſert de guide pour ſe maintenir dans le Canal. Nous remarquâmes que les courans portoient vers le Sud avec rapidité.

Le 15. au matin on leva l'ancre, & l'on dirigea la route au SSO. juſqu'à la ſonde de 14. braſſes. On gouverna enſuite au Sud & au S $\frac{1}{4}$ SO. Lorſque nous eûmes la Montagne de *Manopin* à l'*Eſt*, nous fîmes route au S $\frac{1}{4}$ SE. Pluſieurs Brigantins Malays ſuivoient la même route, & nous entouroient de tous côtez. Nous nous diſposâmes à la dé-

fenſe

fenſe en cas que ces peuples, qui ne vivent que de brigandage, & qui ont ſouvent ſurpris les Vaiſſeaux Hollandois, s'aviſaſſent de nous attaquer. Nous rangions la terre de *Sumatra* à deux lieues environ de diſtance, & nous reglions entierement notre route ſur la ſonde. A trois heures après midi un grain aſſez violent nous obligea de jetter l'ancre. Tous les Brigantins Malays firent la même choſe, & ſe rangerent autour de notre Vaiſſeau; cette manœuvre redoubla notre attention. Les courans porterent pendant toute cette nuit vers l'*Eſt Sudeſt*.

L'Iſle de *Sumatra* paroît de ce côté couverte d'arbres juſques ſur le rivage, & arroſée de Rivieres qui ſe jettent dans ce Détroit. La plus grande eſt celle de *Palimbam* dont les eaux ſont très-bourbeuſes, même après qu'elles ſont confondues avec la mer. Le terrain de cette Iſle m'a paru fort bas, & je n'y apperçûs aucunes montagnes. On en voit au contraire pluſieurs dans l'Iſle de *Banca*, leſquelles ſont fort hautes, & couvertes d'arbres.

Au reſte nous nous éloignions avec ſoin de cette derniere Iſle, parce que le le Détroit est de ce côté-là rempli de bancs de sable & d'autres écueils très-dangereux.

Le 16. nous mîmes à la voile au lever du Soleil, & après avoir fait cent routes differentes, toûjours guidez par la sonde, nous trouvâmes tout à coup 4. brasses de profondeur, sans savoir désormais où étoit le Canal dont nous nous étions écartez sans nous en appercevoir. Irrésolus sur le parti que nous avions à prendre, nous jettâmes l'ancre, & une heure après, tandis qu'on consultoit sur le peril present, on s'apperçût que le fond étoit encore diminué d'une demie brasse, ensorte qu'il ne s'en falloit pas un pied que le Vaisseau ne fût échoué. La peur se mit de la partie, & augmenta le danger; les Matelots n'écoutoient plus les ordres de leurs Officiers, chacun commandoit, personne n'obéissoit. Enfin la necessité nous rendit injustes, & nous empêcha même de faire des reflexions sur le peril où nous allions nous exposer. Nous tirâmes un coup de Canon à boulet sur un Brigantin Malays qui passoit alors entre la terre de *Sumatra* & notre Vaisseau. Les Malays amenerent aussi-tôt leurs voiles, &

nous

nous nous embarquâmes cinq ou six dans la Chaloupe avec des armes, sans savoir encore précisement ce que nous allions faire, ni quel étoit notre dessein. Pour moi je crois en vérité que je n'entrai dans la Chaloupe que poussé par un premier mouvement dont je ne fus pas le maître. Si-tôt que nous eûmes laissé le Vaisseau, le Capitaine nous cria avec le Porte-voix de faire tous nos efforts pour amener un Pilote, de gré ou de force. Nous abordâmes ce Brigantin, où il ne parut d'abord que 7. ou 8. hommes qui achevoient de charger quelques petits Canons de bronze. Le Chef de ces Indiens nous ayant demandé par signes ce que nous voulions, nous lui répondîmes dans le même langage, que nous souhaitions avoir un Pilote pour nous, conduire dans le Canal du Détroit, & que nous ne voulions leur faire aucun tort. Alors une vieille femme que je vis assise dans un coin m'ayant dit quelques mots en jargon Portugais, je lui dis quels étoient nos besoins & nos intentions, mais elle ne les eut pas plûtôt connus, qu'elle feignit de ne me pas entendre.

Cependant nous avions posté deux de

nos gens à la poupe, & deux à la proue, avec ordre de faire feu sur les Malays en cas qu'ils nous attaquassent avec trop d'avantage. Ceux qui étoient à la proue nous avertirent que le Brigantin étoit emporté par le courant, & que les Malays n'avoient point jetté l'ancre. Heureusement ils n'avoient pas eu la malice de couper leurs Cables, car s'ils l'avoient fait, nous étions perdus sans ressource, comme vous l'allez voir. Nos gens jetterent donc l'ancre, & arrêterent ainsi ce Bâtiment qui s'étoit déja fort éloigné du nôtre, même hors de la portée du Canon. Nous fîmes ensuite embarquer par force la vieille femme, le Capitaine qui se disoit son fils, sa femme, & deux Malays Matelots, ôtages que nous crûmes necessaires à notre seureté. Comme nous jettions ces gens assez rudement dans notre Chaloupe, ils jetterent quelques cris, & aussi-tôt plusieurs Malays sortirent du fond de cale avec un visage mécontent & un air si irrité, que nous eûmes peur qu'ils n'eussent formé quelque dessein contre nous. Nous jettâmes tous comme unanimement un regard triste sur notre Vaisseau, & nous vîmes avec douleur

leur qu'il étoit impossible qu'il nous secourut. Cependant il n'y avoit pas à balancer, & il falloit soûtenir la gageure. Quoiqu'en entrant dans le Brigantin nous n'y eussions vû que sept ou huit hommes, ils étoient néanmoins plus de soixante qui sortoient du fond de cale avec précipitation, & nous avions lieu de craindre d'être opprimez par le nombre, si nous leur donnions le tems de s'assembler & de reconnoître leurs forces & notre foiblesse. Nous chargeâmes ceux qui étoient montez les premiers. Ils tirerent leurs poignards, & parurent résolus à se défendre. Nous fûmes en même-tems attaquez par derriere par d'autres Malays qui s'étoient cachez dans la chambre de Poupe. Aucuns des nôtres ne fit feu sur eux : nous nous contentâmes de les repousser à coups de sabre, & de les contraindre, après une legere resistance, à rentrer dans le fond de cale. Quelques-uns furent blessez, & les autres désarmez. Nous ôtâmes de la chambre de poupe toutes les armes qui y étoient en assez grand nombre, & dont ils n'avoient pas eu le tems de se servir, à cause de leur surprise. Nous fermâmes ensuite les écoutilles

tilles afin d'éviter une nouvelle attaque. Leurs poignards, dont la lame est faite en onde, étoient longs de deux pieds, & j'en crois la blessure mortelle. Les Indiens Orientaux se servent presque tous de ce poignard, à qui ils donnent le nom de *Cric*.

Notre intention n'avoit point été de leur faire tant de mal, mais nous craignîmes, selon beaucoup d'apparence, qu'ils n'eussent dessein de nous en faire. Nous les ménageâmes autant qu'il nous fut possible, & cette petite avanture auroit été bien plus sanglante si nous nous étions servis de nos armes à feu. Quoiqu'il en soit, notre procedé fut violent, & ces Indiens qui n'entendoient point notre langue, étoient dispensez de juger favorablement de nos intentions, surtout voyant que nous abordions leur Vaisseau à main armée. D'un autre côté la conjoncture où nous nous trouvions rendoit la violence necessaire, & ils nous auroient massacrez si nous nous étions amusez à les convaincre par belles raisons de la droiture de notre intention.

Après cette expedition tout fut calme dans le Brigantin. Nous prîmes tou-

toutes les armes que nous y trouvâmes, & les six petits Perriers de fonte qui étoient chargez, & nous les embarquâmes dans notre Chaloupe, dans la crainte qu'ils ne s'en servissent contre nous lorsque nous retournerions vers notre Vaisseau. Le Capitaine du Brigantin, que nous emmenions, donna ses ordres à ses Matelots, & nous partîmes avec ce nouveau Cortege.

Ces malheureux Malays pleuroient amerement. La vieille femme seule regardoit tout d'un œil sec. Elle me dit même d'un ton hardi dans son jargon Portugais qu'elle ne craignoit rien, & que si nous étions Chrétiens, nous ne serions pas assez injustes pour les arracher du sein de leur Patrie, & pour les emmener esclaves. Je tâchai de la rassurer & de lui faire comprendre que loin de les traiter en esclaves, on les recompenseroit de leurs peines, & qu'on leur restitueroit tout ce qui avoit été enlevé du Brigantin. Lui ayant ensuite demandé de quel Païs elle étoit, où elle alloit, elle me répondit qu'elle étoit de *Camboa*, Factorie Hollandoise, que son fils avoit armé le Brigantin pour porter du ris à *Bata-*

via, dans la grande *Java*, & que les Malays qui y étoient embarquez étoient passagers, &c.

Le Capitaine Indien devenu Pilote malgré lui, s'étant mis en devoir de nous retirer du danger où nous étions, fit entendre qu'il falloit lever l'ancre, & aller la mouiller à une portée de fusil plus loin, où nous trouverions six brasses de profondeur. On leva l'ancre, & nous passâmes la nuit dans l'endroit qu'il nous avoit indiqué, parce qu'il étoit trop tard pour oser faire route dans un détroit si dangereux.

Pendant la nuit deux Pilotes s'embarquerent dans la Chaloupe pour sonder autour du Vaisseau, & jusqu'à une lieue plus avant dans le Détroit, ne voulant pas nous fier aveuglément à notre Pilote étranger, qui par ignorance, ou peut-être même par malice pouvoit nous rejetter dans un nouveau péril.

Le 17. nous fûmes fort surpris de ne plus voir le Brigantin Malays qui s'étoit échappé à la faveur de la nuit. Le Capitaine Indien pleura, s'arracha les cheveux, & nous reprocha la perte de son Vaisseau, prétendant que le

passa

paſſagers Malays avoient profité de ſon abſence pour le lui enlever. Il fit des plaintes ſi touchantes qu'il nous donna de la compaſſion. Cependant de peur de charger notre conſcience d'une pareille injuſtice, nous fîmes toutes ſortes de raiſonnemens pour nous perſuader à nous-mêmes, auſſi-bien qu'à ce pauvre Indien, que le Brigantin s'étoit retiré derriere quelque pointe de l'Iſle *Sumatra*, dans la crainte d'nne nouvelle attaque : mais l'Indien ne ſe pouvoit conſoler, & ſon inquiétude vraie ou fauſſe étoit peinte ſur ſon viſage. Il nous pria de le faire mettre à terre à la derniere pointe du Sud de l'Iſle *Sumatra*, & comme nous n'avions plus beſoin de ſon ſecours, on ſe diſpoſa à lui donner cette ſatisfaction. L'eſperance de la liberté, (car il avoit toûjours appréhendé d'être eſclave) & les préſens que nous lui fîmes, ſemblerent lui avoir ôté une partie de la douleur qu'il avoit témoigné pendant tout le jour. On lui donna vingt pieces de huit, un ſac de biſcuit, trois bouteilles de vin, deux flacons d'eau-de-vie, de la poudre & des balles, qu'il avoit demandé pour ſe deffendre des bêtes fauves qui ſont fort communes ſur le rivage de *Sumatra*.

matra. On lui restitua ses Canons, ou Perriers de bronze, les Lances & trois fusils que nous avions enlevez de la chambre de Poupe de son Vaisseau, & il s'embarqua avec sa troupe dans notre Canot.

Le desir de contempler de plus près l'Isle de *Sumatra* m'engagea à m'embarquer aussi avec trois Officiers qui servoient d'Escorte à nos Indiens. Nous nous armâmes chacun d'un fusil & d'un sabre, & nous mîmes à la voile, faisant route vers *Sumatra*, tandis que notre Vaisseau continuoit la sienne à petites voiles pour doubler la derniere pointe du Sud de cette Isle, où finit le Détroit de *Banca*. Nous nous approchâmes de terre à une portée de fusil. Le rivage étoit bordé d'un grand banc de vase, où nous nous engageâmes, & d'où nous ne nous retirâmes qu'avec beaucoup de peine. Il nous fut impossible de toucher au rivage, & nous côtoyâmes l'Isle dans l'esperance de trouver quelque lieu commode pour faire débarquer nos Indiens, dont l'impatience augmentoit à mesure que les moyens nous manquoient de leur procurer la liberté.

Nous avions déja fait plus d'une lieue de long de ce rivage, lorsque nous apperperçûmes une petite Pirogue qui navigeoit sur la vase. L'Indien qui la conduisoit l'abandonna si-tôt qu'il nous eut apperçû. Nous nous approchâmes encore du rivage jusqu'à un pied de profondeur. Un de nos Indiens s'étant dépouillé, voulut essayer s'il pourroit gagner la terre en courant legerement sur la vase, mais il ne fut pas plûtôt entré dans l'eau qu'il enfonça jusqu'au col; on le retira, & nous continuâmes notre route.

Le rivage étoit planté d'arbres, dont les racines étoient couvertes de cette vase qui bordoit toute la Côte. Nous vîmes plusieurs Chats-Tigres, des Herons & d'autres animaux qui nous firent connoître que la précaution que le Capitaine Indien avoit eu de demander de la poudre, n'étoit pas mal fondée.

Enfin après avoir vogué plus de deux heures, nous touchions presque à la pointe du Sud de l'Isle lorsque notre Vaisseau jetta l'ancre, & nous fit un signal, auquel nous ne comprîmes rien d'abord, mais qui devint intelligible un moment après. Nous doublions la pointe du Sud lorsque nous apperçûmes une petite Galiotte à rames qui navigeoit le long de la Côte, & qui venoit à notre rencontre. Nous ne ſavions quel parti prendre : nous n'étions que ſix hommes armez dans le Canot, le reſte des Matelots n'avoit que ſes rames pour toute deffenſe. Cependant nous réſolûmes d'aborder cette Galiotte, voulant, à quelque prix que ce fût, nous débaraſſer des Malays qui commençoient à nous être incommodes. Nous avions l'avantage du vent, & nous en profitâmes pour mettre la Galiotte entre la terre & nous.

Cependant l'allarme étoit dans notre Vaiſſeau, où l'on crût que cette Galiotte ne manqueroit pas de nous attaquer, lorſque les Indiens ſe ſeroient apperçûs de notre petit nombre. On arma la Chaloupe, où preſque tous les Officiers & les Paſſagers s'embarquerent pour accourir à notre ſecours. Ils avoient déja fait la moitié du chemin lorſque nous abordâmes la Galiotte. C'étoit un Bâtiment ras & ſans Canons. Nous y vîmes une vingtaine d'Indiens à demi nuds, au milieu deſquels il y avoit une eſpece de petit Prince ou Gouverneur d'un Canton de *Sumatra*. Nous couchâmes en joue ce grave perſonnage à qui la peur ſembla ôter la Raiſon. Ses gens auſſi épouvantez que lui, reſterent immobiles, & ſe

cru-

eurent perdus ou maſſacrez, tant notre abord avoit été bruſque. Ils avoient pourtant un grand nombre d'armes, des *Crics* ou poignards ſemblables à ceux dont je vous ai déja parlé. La vieille femme qui étoit avec nous les raſſura & parla avec eux pendant quelque tems. Leur Chef, après cette converſation, porta ſes mains à ſa tête & nous ſalua à la maniere des Maures. Cette courtoiſie n'empêcha point que deux des nôtres ne ſe tinſſent toûjours dans une poſture capable de l'intimider. Il étoit revêtu d'une longue robe de toille peinte, un grand chapeau tiſſu de joncs couvroit ſa tête, & la garantiſſoit des ardeurs du Soleil. Ses doigts étoient chargez d'anneaux & de petites Emeraudes. La plûpart de ſes gens étoient nuds, à la reſerve de ce que les peuples les plus ſauvages ont ſoin de tenir couvert.

Nos Indiens nous prierent de les laiſſer dans cette Galiotte, parce qu'en remontant le Détroit ils eſperoient retrouver plus facilement leur Brigantin. Nous leur accordâmes volontiers ce qu'ils demandoient : on leur donna les proviſions que nous avions embarquées, leurs ſix Perriers, &c. Mais parce que la rencontre de la Galiotte nous avoit obligez à charger leurs fuſils, nous les déchargeâmes avant que de les rendre, de peur qu'ils ne s'en ſerviſſent contre nous. Ceux qui venoient à notre ſecours ayant entendu cette décharge, & croyant que nous étions aux mains avec ces nouveaux Indiens, firent pluſieurs efforts pour ſe joindre à nous; mais les vents & les courans leur étant contraires, ils ne purent venir à bout de leur deſſein. Nous le tirâmes de peine en arrivant ſur eux.

Cependant nous ignorons encore ſi ces malheureux Indiens purent retrouver leur Vaiſſeau; & je ne ſai ſi la neceſſité preſſante & le danger où nous nous trouvâmes pourra juſtifier notre action, & ſi nous ne ſommes que la cauſe innocente de la perte que le Capitaine Indien a pû faire dans cette occaſion. Nous lui demandâmes en le quittant s'il eſperoit retrouver ſon Vaiſſeau, mais il ne répondit rien, & la vieille femme, plus ſenſible à l'offenſe qu'elle avoit reçûe qu'à la maniere obligeante dont nous en avions uſé dans la ſuite avec elle, garda un profond ſilence, ſoit qu'en effet el-

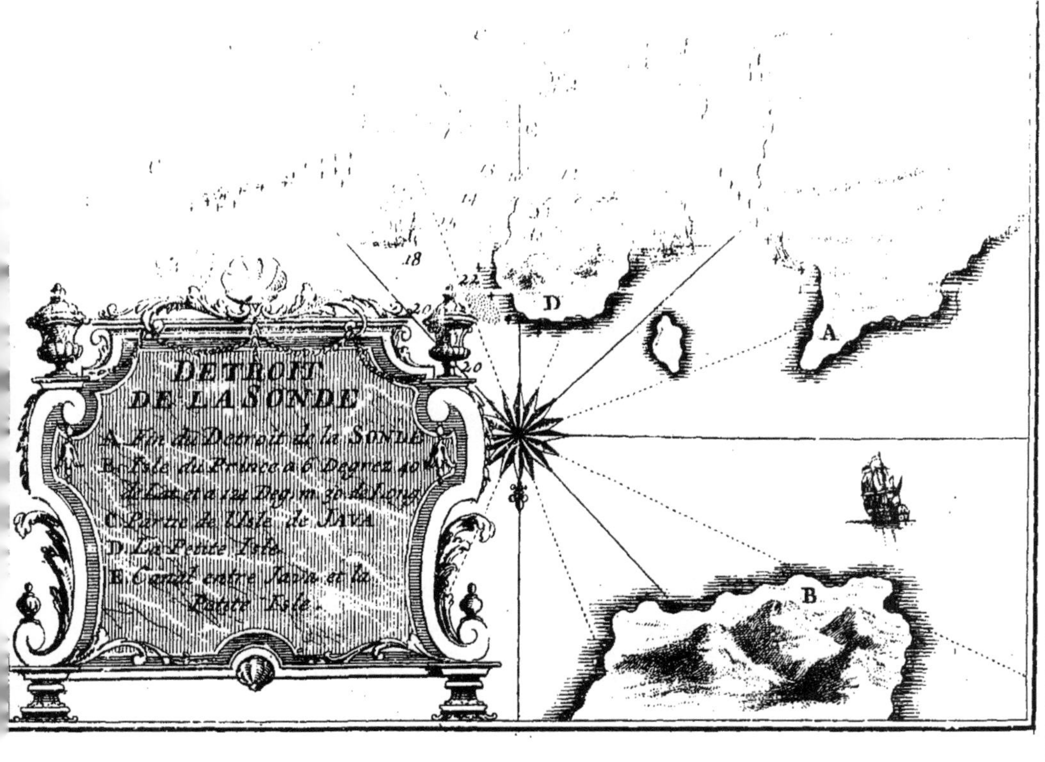
DETROIT
DE LA SONDE
A Fin du Detroit de la SONDE
B Isle du Prince a 6 Degrez 40
de Lat. et a 124 Deg. m 30 de Long.
C Partie de l'Isle de JAVA
D La Petite Isle.
E Canal entre Java et la
Petite Isle.
D
A
B
18
22
20
20

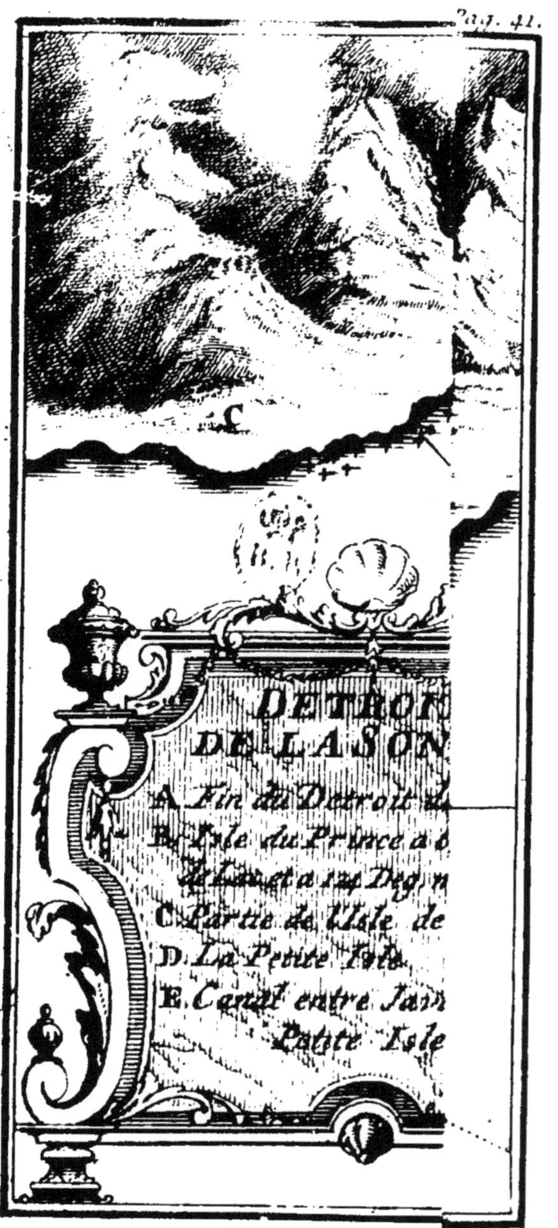
C
DETROI
DE LA SON
A. Fin du Detroit d
B. Isle du Prince a
C. Partie de l'Isle de
D. La Petite Isle
E. Canal entre Jav
Petite Isle

elle craignît la perte du Brigantin, ſoit que pour ſe vanger de nous elle voulût ſe ſervir de nos propres remords ; car elle avoit bien pu remarquer que nous étions mortifiés de leur embarras. Quoiqu'il en ſoit, notre Vaiſſeau appareilla dès que nous fûmes de retour.

Je ne vous dirai rien, Monſieur, de l'Iſle *Sumatra*, elle eſt aujourd'hui trop connue par les Relations que les Hollandois en ont fait, & par le fameux Royaume d'Achem qui en eſt la plus riche partie. On la met au nombre des plus grandes Iſles de l'Ocean. Elle forme trois Détroits conſiderables ; vers le Septentrion celui de *Malaca*, avec la terre de *Malaya* ; à l'Orient, celui de *Banca*, avec l'Iſle de *Banca* ; au Midi, celui de la *Sonde*, avec l'Iſle de *Java*.

Vers le ſoir nous jettâmes l'ancre à 6. braſſes de profondeur, ayant l'Iſle de *Lucipara* à l'*Eſt* $\frac{1}{4}$ de *Nordoueſt*, à trois lieues de diſtance.

Le 18. nous mîmes à la voile, & à la pointe du jour on envoya la Chaloupe avec un Pilote pour ſonder ſur le banc de ſable qui entoure l'Iſle de *Lucipara*. Ce banc ſe trouva beaucoup plus loin de *Sumatra*, & plus près de *Lucipara* qu'il n'eſt marqué ſur les Cartes : mais cette erreur n'eſt pas un deffaut qu'on puiſſe reprocher aux Geographes, & il vaut mieux marquer le danger plus proche afin de reveiller la prudence des Pilotes. On trouva trois braſſes & demie de profondeur ſur les açoves de ce banc. Nous ſuivions toûjours notre Chaloupe qui naviguoit à un quart de lieue devant nous, le Pilote marquant avec un Drapeau le nombre des braſſes de profondeur qu'il trouvoit en ſondant.

Nous naviguâmes juſqu'à midi à la diſtance d'une lieue de *Sumatra*. Nous gouvernâmes enſuite au Sud, & au S $\frac{1}{4}$ SO. à la faveur d'un vent d'*Eſt*. La Chaloupe revint à bord, & le Pilote rapporta que dans toutes ſes ſondes il n'avoit pas trouvé moins de ſix braſſes d'eau à une lieue de diſtance de *Sumatra*, ce qui doit engager ceux qui voudront entrer dans le Détroit de *Banca*, ou en ſortir par cet endroit, à ranger plûtôt *Sumatra* que *Lucipara*. On obſerva la latitude qui fut meridionale de trois degrez 24. minutes. Nous faiſions route au SO $\frac{1}{4}$ S. & le Pilote ayant averti que le fond étoit diminué de deux braſſes, on gouverna au SSE. le fond ayant encore dimi-

diminué, on mit le Cap au *Nord* ¼ *Nord' Est* pour ne pas tomber sur un banc de sable, qui est au large de l'Isle *aux grands Arbres*, ainsi nommée à cause de plusieurs Arbres tres-hauts qu'on apperçoit de fort loin. Il est certain que ce banc est beaucoup plus au large de cette Isle qu'il n'est marqué sur les Cartes. Il faut même que les courans portent au Sud avec une rapidité étonnante, puisque, selon notre estime, nous pensions n'avoir fait que 7. ou 8. lieues depuis *Lucipara* jusqu'à l'Isle *aux grands Arbres*, & cependant les Cartes marquent 18. lieues de distance. Un grain nous obligea de continuer la route au Nord, à la sonde de 7. brasses. Une heure après nous virâmes de bord, & fîmes route au S. E & puis au S. ¼ SO. jusqu'à l'occurrence de 8. brasses. L'air étoit chargé de nuages qui sembloient menacer d'un orage prochain. La nuit s'avançoit, & l'obscurité ne permettant plus de faire route, nous jettâmes l'ancre pour attendre le jour.

Voilà un détail bien ennuyeux, Monsieur, & je ne sai comment je m'y suis engagé, surtout en écrivant à une personne qui est trop sage, & trop amie de ſon repos pour naviguer jamais dans ces Mers. J'aurois ſupprimé toutes les circonſtances de ce Voyage, ſi je n'avois fait reflexion que je ne ſuis pas aſſez malheureux pour être le ſeul curieux qui ſoit au monde, & que cette Relation pourra peut-être un jour ſervir à quelqu'un de vos amis, qui aura la curioſité de vouloir voir ces mêmes Mers dont je vous entretiens. Quant à moi je benis le Seigneur, en vous écrivant, de m'avoir préſervé de tant de dangers, dont le ſouvenir ne cauſe qu'un plaiſir rempli d'amertume.

Le 19. nous levâmes l'ancre, & nous fîmes route à l'E. N. E. ou plûtôt le calme nous empêcha de tenir aucune route certaine. Nous apperçumes un Vaiſſeau aſſez près de nous qui étoit démâté de ſon grand mâts. A neuf heures du matin le vent ſe leva du côté du Nord, & nous gouvernâmes pendant tout le jour au S. S. O. & au SO. $\frac{1}{4}$ S. Dans le tems qu'on obſervoit la latitude, les Sentinelles virent une Iſle à 9. lieues de diſtance, laquelle ne pouvoit être qu'une des deux Iſles qu'on appelle *les deux Sœurs*, ou *las Hermanas*. La latitude étoit de 5. degrez 21. minutes. Dorénavant

tou-

toutes les latitudes seront méridionales.

Vers le soir le vent cessa entierement : nous étions alors par le travers des deux Isles *las Hermanas*, & nous en passâmes de si près, à la faveur du courant, que nous eussions pû y jetter une pierre. Ce ne sont, à proprement parler, que deux petits Rochers couverts d'arbres; il n'y a point d'écueils à craindre quand on passe entre ces Isles & *Sumatra*, mais il faut éviter de passer au large, c'est-à-dire à l'*Est*, à cause de plusieurs Vigies & autres Roches dangereuses qui sont à fleur d'eau. Les courans porterent toûjours au Sud. Nous jettâmes l'ancre à minuit, & nous n'aurions pas même osé faire voile si long-tems si la Lune ne nous avoit été favorable.

Le 20. on leva l'ancre au lever du Soleil, & on fit route au SO. & au SSO. en conservant la sonde depuis 7. jusqu'à 11. brasses de profondeur. Nous vîmes bien-tôt la terre de tous côtez, c'est-à-dire toute la Côte Orientale de l'Isle *Sumatra* à stribord, (pour me servir des termes du métier) plusieurs Isles à babord, & l'Isle de *Java* devant nous. Cette partie de l'Isle *Sumatra* est fort mon-

montagneuſe. Il y a une montagne ronde dont le ſommet ſe termine en pyramide, laquelle dénote l'entrée du Détroit *de la Sonde*. Nous obſervâmes que la diſtance, depuis les Iſles *las Hermanas* juſqu'à ce Détroit, n'eſt pas ſi grande que les Cartes la marquent. Nous vîmes bien-tôt auſſi l'Iſle appellée par les Hollandois *la grande Toque*, parce qu'elle reſſemble à un bonnet Flamand. Cette Iſle ſert encore à reconnoître l'entrée du Détroit. Les vents étoient ſi foibles & ſi variables, qu'il n'y avoit que les courans qui nous faiſoient avancer; mais de peur qu'ils ne nous jettaſſent ſur *la grande Toque*, nous mouillâmes à une demie lieue de diſtance de cette Iſle, à 45. braſſes de profondeur. On envoya deux Pilotes pour ſonder autour de cette Iſle, & je m'embarquai avec eux pour la voir de plus près. Nous en fîmes le tour ſans oſer y deſcendre, parce que le rivage nous parut être bordé d'écueils, & qu'il étoit à craindre que notre Canot ne s'y briſât. Nous nous en approchâmes néanmoins de ſi près, qu'un homme un peu alerte auroit pû y ſauter. La Lune étant pleine, nous pûmes voir fort diſtinctement les arbres de cette Iſle, qui for-

forment, avec leurs branches, un berceau naturel, dont la forme extérieure, par l'inégalité du terrain, est convexe, & donne à cette Isle la figure d'une toque. Son circuit est d'environ 400. pas. Il n'y a aucun écueil à craindre à un jet de pierre du rivage, & on y trouve 30. brasses de profondeur. Un Vaisseau surpris par le calme ne doit pas balancer à jetter l'ancre à l'embouchure du Détroit, parce que les courans le porteroient infailliblement sur cette petite Isle.

Etant si voisins de Batavia, il étoit assez naturel que nous allassions relâcher dans un Port où l'abondance regne, & que son commerce rend le plus riche & le plus beau Port des Indes Orientales; cependant nous n'eûmes pas même la pensée d'y aborder, dans la crainte que les Hollandois, Nation jalouse de son commerce, ne cherchassent à nous faire quelqu'insulte. Ils ne souffrent qu'avec peine que les autres peuples de l'Europe entreprennent le passage du Détroit de la Sonde. Ils se sont acquis un Empire si redoutable dans ces Mers, qu'ils croyent pouvoir tout y commettre impunément. Je me suis étonné cent fois que les Fran-

çois,

çois, les Anglois, les Espagnols, les Portugais n'ayent point encore cherché à se vanger des injures qu'ils ont reçûes de cette ambitieuse Nation, & qu'ils ayent souffert qu'elle soit devenue si puissante. En effet, les Hollandois, après avoir chassé les Portugais & les Espagnols de la plûpart de leurs Colonies, surtout des Isles Moluques, du Détroit de *Malaca*, & de l'Isle de *Ceylan*, se sont rendus les maîtres, & les seuls arbitres du commerce des Epiceries, & se sont fortifiez d'une maniere qu'il seroit presqu'impossible aujourd'hui de les chasser de leur conquête, à moins que toutes les Puissances que je viens de nommer ne se liguassent pour en venir à bout. Ce commerce immense rend cette République formidable à ses voisins, & lui fait usurper le titre de maîtresse de l'Ocean Indien.

Nous aimâmes donc mieux aller chercher du secours parmi les Barbares, que d'en mandier à des Peuples si peu traitables. Le 22. nous filâmes notre Cable au point du jour pour profiter d'un leger vent du Nord, & notre Chaloupe resta pour lever l'ancre. Ce vent ne dura gueres, mais les courans suplécrent à

son

ſon deffaut, & nous pouſſerent avec rapidité dans le Détroit. On obſerva à midi la latitude qui fut de 6. degrez 15. minutes. Les vents s'étant levez enſuite vers le N. N. E. nous ſerrâmes nos voiles pour attendre notre Chaloupe qui tardoit un peu à nous joindre: cependant nous pouvions voir diſtinctement le rivage de l'Iſle de *Java*, & les habitations des Javanois, qui ſont ſituées ſur le Côteau des Montagnes, & dans les Vallées, ce qui forme un Païſage agréable, Nous vîmes des Campagnes fort vaſtes, & des Champs plantez de Ris, dont la recolte étoit prochaine, autant que nous en pûmes juger par la couleur jaune des épis. Les Montagnes ne paroiſſent pas fort hautes du côté du détroit, mais elles ſont couvertes d'arbres vers leur cime, & le Côteau eſt défriché & cultivé avec beaucoup de ſoin. Notre Chaloupe étant arrivée au coucher du Soleil, nous jettâmes l'ancre peu de tems après, n'oſant pas faire voile pendant la nuit.

Le voiſinage de la terre excita ma curioſité. Je m'embarquai dans le Canot à 9. heures du ſoir avec trois Officiers & autres paſſagers, à deſſein d'aller cher-

cher

cher à terre des herbages pour nos Beſtiaux, & faire la pêche de la Tortue. Ce petit ouvrage ne fut pas heureux : les éclairs, la pluye & l'orage nous ayant mis au riſque de périr, nous entrâmes dans une petite Baye qui a une lieue de longueur d'un cap à un autre, où nous trouvâmes la mer moins agitée, mais le rivage étoit bordé d'un banc de roches, & nous eûmes beaucoup de peine à trouver un lieu propre à débarquer. L'air étant devenu plus ſerein, & la Lune ayant diſſipé les nuages & les ténebres, nous trouvâmes un petit Havre où nous entrâmes par un Canal bordé des deux côtez de roches & d'écueils. La mer y étoit tranquille, & nous deſcendîmes à terre avec aſſez de facilité. A peine étions-nous ſur le rivage, qu'une terreur panique s'empara de nos eſprits, & faillit à nous faire rentrer avec précipitation dans notre Canot. Nous apperçûmes ſur le ſable des traces recentes de pluſieurs animaux que notre imagination nous fit prendre pour des traces de Lions & d'autres bêtes de cette eſpece dont nous ſavions que cette Iſle étoit pleine. Nous nous encourageâmes les uns & les autres, & chacun eut honte de ſa frayeur. Nous né-

nétoyâmes nos armes, & nous nous mîmes en état de nous défendre contre les attaques des hommes & des bêtes. Nos Mariniers allumerent un grand feu : nous sechâmes nos habits, & quelques bouteilles de vin que nous avions apportées, nous donnerent des forces nouvelles & un nouveau courage.

Il y avoit sur le rivage un bois fort épais, au milieu duquel couloit un ruisseau dont l'eau étoit fade & somache à cause du voisinage de la mer. Nous aurions voulu trouver une eau plus douce pour nous rafraichir, & pour nous faire perdre le mauvais goût de l'eau corrompue que nous buvions depuis six semaines : mais pour en avoir, il falloit remonter le long de ce ruisseau & pénetrer dans le bois, & c'est ce qu'aucun de nous n'osoit faire de peur de reveiller quelque animal hargneux. La crainte nous rendit sages, & nous fit même oublier notre soif. D'ailleurs nous entendions un bruit si étrange dans ce Bois, qu'il auroit fallu être le frere aîné de Don Quichotte pour vouloir tenter l'avanture.

Ceux qui n'étoient point armez s'embarquerent dans le Canot pour pêcher, tan-

tandis que nous reſtâmes à terre pour examiner ſi parmi les traces des animaux qui étoient imprimées ſur le ſable, nous pourrions en trouver quelques-unes de Tortues. Notre recherche fut auſſi inutile que le travail de nos Pêcheurs qui ne purent prendre aucun poiſſon, quoique nous euſſions reconnu à pluſieurs marques que cette Baye étoit fort poiſſonneuſe. Nous remplîmes notre Canot d'herbages & de feuilles d'arbres, & nous rejoignîmes notre Vaiſſeau.

Il n'y a point de doute que cette partie de l'Iſle de *Java* ne ſoit habitée, & nous avions vû, comme je vous l'ai déja dit, pluſieurs habitations, & des Villages même aſſez grands : cependant nous n'apperçûmes perſonne dans cette Baye, ni aucunes traces d'hommes. Les Hollandois qui ſe ſont rendus maîtres de la plus grande partie de *Java*, où ils ont les Villes & Fortereſſes de Batavia & de Bantam, qui ſont comme le rendez-vous de tous les Vaiſſeaux des Indes Orientales ; les Hollandois, dis-je, abordent quelquefois à ces Côtes, & enlevent les Beſtiaux des Javanois, ainſi ces Inſulaires ſont toûjours ſur leurs gardes, & ſitôt qu'ils voyent un Vaiſſeau, ils retirent

rent leurs troupeaux des Côtes de la Mer, & les conduisent vers les montagnes. Je suis persuadé que la vûe de notre Vaisseau leur avoit fait craindre quelque traitement semblable.

Le 23. nous mîmes à la voile, faisant route à *Ouest* $\frac{1}{4}$ *Sud' Ouest* à la faveur d'un vent de *Nord' Est*. A midi nous reconnûmes l'Isle *du Prince*, & la derniere pointe de l'Isle de *Java*, où finit le détroit de la Sonde.

Nos Instructions portoient qu'il falloit relâcher à l'Isle *du Prince* pour y faire de l'eau, mais ayant consideré que cette Isle étoit inhabitée, nous aimâmes mieux relâcher à une petite Isle qui n'est séparée de *Java* que par un bras de mer peu large, parce que la disette d'eau n'étoit pas le seul de nos besoins, & que nous manquions encore de légumes, de ris, &c. De plus nous esperâmes qu'un Païs qui nous paroissoit si fertile & si abondant, pourroit pourvoir à toutes nos necessitez.

On jetta l'ancre à une demie lieue de cette petite Isle à 20. brasses de profondeur, & à une lieue de distance de *Java*. On arma la Chaloupe & le Canot pour aller chercher le long de l'Isle de de *Java* une Aiguade facile. Les Officiers eurent ordre de parler avec les Indiens, en cas qu'ils en rencontrassent quelques-uns, & de les engager par des manieres douces & affables à trafiquer avec nous. Une heure après avoir jetté l'ancre, nous vîmes plusieurs Bateaux qui traversoient un petit Canal qui est entre *Java* & la petite Isle. Je m'étois embarqué dans la Chaloupe : l'expérience du passé nous fit tenir sur nos gardes, & le moindre Matelot étoit armé. Le Canot alla à l'Isle de *Java*, où l'on ne pût trouver de lieu propre à faire de l'eau, à cause des rochers qui bordoient le rivage. L'eau tomboit du haut d'une montagne, comme par cascades : mais la difficulté d'aborder au rivage, & de rouler les futailles jusqu'à une élevation où l'eau avoit creusé un large bassin, fit résoudre l'Officier à retourner à bord du Vaisseau pour faire rapport de ce qu'il avoit trouvé.

Pour nous nous entrâmes avec la Chaloupe dans le Canal, & nous descendîmes dans la petite Isle avec beaucoup de facilité. Nous vîmes d'abord cinq ou six Cabannes semblables à celles de nos Pêcheurs, d'où sortirent quelques Indiens

diens à demi nuds. Les uns portoient un *Cric*, ou poignard à leur ceinture; les autres étoient armez d'une longue lance. Ils nous reçûrent assez bien en apparence, & de notre côté nous leur fîmes bien des caresses. Néanmoins nous connûmes qu'il ne seroit pas facile de traiter avec eux à cause de leur défiance. Ils nous firent comprendre par signes que leur petite Isle étoit déserte, & que nous n'y pourrions trouver ni ris, ni Bestiaux, ni volailles, & qu'ainsi il étoit inutile de vouloir pénetrer plus avant : que du côté de *Java* nous trouverions un peu de ris, & peut-être quelques Bœufs : que nous y ferions de l'eau fort aisément à l'embouchure de cinq ou six petites Rivieres qui se jettoient dans le Canal. Tout ce discours ne tendoit qu'à nous détourner du dessein d'entrer dans la petite Isle où ils avoient (comme nous le sûmes ensuite) leurs habitations, leurs femmes & leurs enfans. Ils sont dans une continuelle appréhension que les Hollandois ne les enlevent & ne les rendent esclaves. La peur, & peut-être l'expérience leur fait croire que tous les Peuples blancs sont Hollandois *.

Nous

* Ceux de la terre de Java avoient même choisi cet-

Nous ne voulûmes point aller plus avant de peur de les mécontenter. Nous les régalâmes de mouchoirs de coton, & ils parurent si satisfaits de nos caresses, que nous nous flattâmes qu'ils se familiariseroient dans la suite avec nous.

Nous traversâmes le Canal pour aborder dans l'Isle de *Java*. Nous y trouvâmes en effet cinq Rivieres, comme les Indiens nous l'avoient dit, dans l'espace de 500. pas; mais quoique ces cinq Rivieres soient assez larges, je crois que ce sont cinq bras de la même Riviere, & qu'elles sortent toutes de la même source. Le Canal ou détroit a un quart de largeur. Du côté de la petite Isle il y a 12. ou 15. brasses de profondeur. Son rivage est couvert de coquillages curieux, & de diverses couleurs. Du côté de *Java* il y a un banc de sable qui s'étend jusqu'à la moitié du Canal, ainsi le passage est assez étroit, & un Vaisseau ne le doit tenter que dans un extrême besoin. Nous laissâmes six hommes dans la Chaloupe avec leurs armes pour se défendre, en cas que les Indiens voulus-

cette Isle comme un azile, ne croyant pas que nous voulussions y aborder.

lussent former quelque entreprise contr'eux. On leur défendit sur tout de mettre pied à terre, sous quelque prétexte que ce fut. Nous partîmes ensuite au nombre de douze pour aller chercher une aiguade.

L'eau de toutes ces Rivieres étoit somache, & ne pouvoit absolument nous servir. Nous marchâmes le long du rivage, & nous traversâmes assez aisément quatre Rivieres, en portant nos fusils sur nos têtes. Au passage de la derniere, nous vîmes à l'autre bord une troupe d'Indiens qui sembloient tenir conseil entr'eux. Nous fîmes halte, & nous les invitâmes à nous venir trouver, en leur montrant des Mouchoirs de Coton. Ils nous firent les mêmes signes, & nous inviterent à passer la Riviere. Il y avoit du risque à l'entreprendre, parce qu'outre qu'elle étoit profonde, ils pouvoient encore nous attaquer dans ce passage, si le resultat de la conference qu'ils avoient euë ensemble nous avoit été peu favorable. Cependant l'esperance de trouver par leur moyen une aiguade facile, nous fit résoudre à marcher vers eux. Six des nôtres traverserent la Riviere, tandis que le reste observoit la démarche de

Indiens qui étoient de l'autre côté du rivage, d'où il étoit facile de les repousser à coups de fusil s'ils attaquoient les nôtres à la sortie de la Riviere. Nos six hommes furent à peine à l'autre bord, que les Indiens épouvantez prirent la fuite, & se retirerent dans le bois. Pour ne point augmenter leur frayeur, nous ne voulûmes point les poursuivre, ni nous engager plus avant, d'autant plus que la nuit approchoit, & que nous craignîmes d'être attaquez au passage des autres Rivieres qu'il nous falloit absolument traverser. Ce rivage étoit couvert d'herbes fort hautes, où les Indiens pouvoient nous dresser des embuches, se cacher, & nous surprendre. Nous nous pressâmes donc d'arriver au lieu où nous avions laissé notre Chaloupe, & nous y trouvâmes une nouvelle troupe d'Indiens, qui furent surpris de notre arrivée, parce qu'ils ne nous avoient point apperçûs, ayant toûjours marché derriere les herbages dont tout le rivage étoit couvert depuis la Mer jusqu'au Bois. Les Matelots de la Chaloupe nous dirent que ces Indiens les avoient voulu engager à descendre à terre, mais qu'ils n'avoient osé le faire de peur de sur-

ſurpriſe, & à cauſe des ordres que nous leur avions donnez. Nous careſſâmes ces Indiens, & on leur donna du Tabac & des Mouchoirs de Cotton, de ſorte que voulant témoigner leur reconnoiſſance, en nous faiſant auſſi quelques preſens, ils monterent au haut des Palmiers, dont il y avoit un fort grand nombre ſur le rivage, & cueillirent pluſieurs Cocos à demi mûrs, & pleins d'une liqueur douce & agréable.

Si je voulois, Monſieur, faire ce que font tous les Voyageurs dans leurs Relations, je ferois ici l'éloge du Coco. Je rapporterois toutes ſes proprietez, dont la principale, & qui renferme toutes les autres, eſt de fournir à tous les beſoins de la vie; mais je vous renvoye aux Hiſtoires & aux Relations des Hollandois, & generalement de tous les Voyageurs qui ont écrit des Indes. Les louanges outrées qu'on donne à ce fruit lui ont fait tort dans mon opinion, & s'il fournit à tous les beſoins de la vie, ce ſera ſans doute aux beſoins d'un Singe ou d'un Hermite.

Cependant les Matelots firent proviſion de ce fruit pour en donner à ceux du Vaiſſeau, qui depuis long-tems ne buvoient qu'une eau fade & corrompue:

on coupa aussi des herbages pour les Bestiaux, & nous nous separâmes des Indiens, après leur avoir fait cent caresses.

Quoique ce Païs soit arrosé de Rivieres, & planté d'arbres de toutes especes, nous n'avions néanmoins pû trouver d'aiguade ni de lieu propre à couper du bois, parce qu'il auroit fallu le transporter trop loin, & qu'on vouloit ménager la santé des Matelots qui avoient beaucoup souffert dans la derniere Navigation : Navigation d'autant plus laborieuse, qu'il avoit fallu presque tous les jours jetter & lever l'ancre.

On avoit envoyé le Canot du Vaisseau pour nous avertir que sur la Côte de l'Isle de *Java* on avoit trouvé de l'eau excellente à la verité, mais trop difficile à embarquer, & qu'ainsi il falloit absolument trouver une autre aiguade où il y eût moins de danger & de peine. Cet avis nous obligea de passer une seconde fois à la petite Isle, où nous descendîmes d'un côté opposé à celui où nous avions déja pris terre, & situé directement devant la rade, où notre Vaisseau étoit à l'ancre. Nous y trouvâmes heureusement une petite Riviere dont l'eau étoit douce & facile à embarquer, & un

bois

bois aisé à abattre. Nous portâmes ces bonnes nouvelles à bord du Vaisseau, où il fut résolu de commencer dès le lendemain à remplir nos Futailles. Mais comme on avoit remarqué que les Indiens avoient encore peu de confiance en nous, l'Officier eut ordre d'empêcher les Matelots de se debander & de pénetrer dans la petite Isle.

Le 24. la Chaloupe partit au lever du Soleil, & fit six voyages dans la journée. On coupa beaucoup de bois, & bois, & les Matelots, chose étonnante, suivirent ponctuellement les ordres qu'ils avoient reçûs. Les Indiens de la petite Isle s'assemblerent, & envoyerent d'abord de petits enfans pour juger, par la reception qu'on leur feroit, de ce qu'ils devoient craindre ou esperer. Le bon accueil qu'on leur fit les engagea à venir eux-mêmes trouver nos Mariniers; ils apporterent des œufs, des Poules, des Tourterelles, des Biches qui sont de la grosseur d'un Lievre, & que ces Indiens attrapent à la course.

Le Canot partit à dix heures du matin, & nous nous armâmes encore mieux que le jour précedent. Nous prîmes terre à l'embouchure de la derniere Ri-

 viere

viere de *Java*, où nous avions trouvé les Indiens. Nous allâmes à la Chasse sans nous écarter beaucoup du rivage. Il y a dans cette Isle un nombre infini de Tourterelles de couleurs differentes. Il y en a de vertes avec des taches noires & blanches, de jaunes & blanches, de blanches & noires, & une espece dont la couleur est cendrée. Leur grosseur est aussi differente que leurs couleurs sont variées. Les unes sont de la grosseur d'un Pigeon, les autres sont plus petites qu'une Grive.

Il y a aussi des Singes qui vont par bandes, & qui sautent d'arbres en arbres, des Ecureuils, des Sapajoux, des Paons, des Poules *pintadas*, des Hupes, des Herons, des Grives, des Merles, des Colibris, & plusieurs autres Oiseaux dont j'ignore les noms. Je vis aussi des Lezards qui voloient d'arbres en arbres comme des Cigales, & en ayant tué un, j'admirai la varieté des couleurs dont son corps étoit tissu. Il étoit long d'un pied, & il avoit quatre pattes comme les Lezards ordinaires: sa tête étoit platte & percée au milieu, ensorte qu'on auroit pû y passer une aiguille sans l'offenser: ses ailes

étoient

étoient fort déliées, & ressembloient aux aîles du Poisson volant: il y avoit autour de son col une espece de fraise semblable à celle que nos Cocqs ont audessous du gosier. J'esperois conserver un animal si rare, mais la chaleur le corrompit avant la fin du jour. Il y a aussi dans cette Isle des Oiseaux *du Paradis*, qui sont fameux par la beauté de leur plumage, mais il est malaisé de les atteindre, c'est le Renard des Oiseaux.

Les Indiens oserent enfin se joindre à nous. Ils nous apporterent des œufs & des Poules que nous fîmes cuire dans des pots de terre qu'ils nous prêterent. Nous leur offrîmes de nos ragoûts, mais ayant refusé d'en manger, nous eûmes peur qu'ils n'eussent empoisonné leurs pots de terre, & nous n'osions manger ce que nous avions aprêté. Je me souvins alors que j'avois lû dans des Relations Hollandoises que les Javanois sont Mahométans, & qu'un des des Articles principaux de leur Loi leur défend de manger avec des personnes que la diversité de Religion leur fait regarder comme impures. Je fis part de ma reflexion à mes amis. Mes exhortations, mon exemple, & plus que tout encore, leur appétit vainquit leur répugnance.

Après le repas, on se mit à pêcher; nous avions apporté une Senne que nous tendîmes sur le banc de sable du Canal. Nous prîmes des Poissons de toute espece, & des Tortues de mer, qui, contre notre attente, se trouverent enveloppées dans nos filets. Cette pêche nous réjouït beaucoup, & nous résolûmes de la continuer, & de faire bonne provision de Tortues pour la navigation que nous allions entreprendre. Ce Poisson est une manne excellente, parce qu'il se nourrit pendant six mois de sa propre substance, & qu'il ne cause aucun embarras dans un Vaisseau.

La Tortue est un animal amphibie. La femelle va toutes les nuits pondre ses œufs sur le rivage, & se retire au matin dans la mer. Quoiqu'elle fasse un nombre presqu'infini d'œufs, il est rare néanmoins qu'elle puisse d'une couvée conserver plus de quatre ou cinq petits, encore que le Soleil les fasse tous éclorre; car lorsque toutes ces petites Tortues se sont retirées dans la mer elles surnâgent, & ne peuvent aller au fond,

les

les Oiſeaux de mer les enlevent & les briſent en les laiſſant tomber ſur des rochers, de la même maniere que les Corneilles briſent les coquillages ſur les Côtes maritimes de Bretagne.

On prend auſſi quelquefois la Tortue de mer ſur terre, c'eſt-à-dire, lorſqu'elle y va pondre ſes œufs. On examine ſes traces ſur le ſable, & on la ſuit à la piſte. Si-tôt qu'elle entend le bruit, elle court (mais comme une Tortue telle qu'elle eſt) vers le rivage: alors on lui coupe le chemin de la mer, & on eſſaye avec des harpons de la tourner ſur le dos. Il ne faut pas la pourſuivre de près, parce qu'elle jette avec ſes nageoires une ſi grande quantité de ſable, qu'on pourroit en être aveuglé.

Quant aux autres Poiſſons que nous pêchâmes, il y en avoit qui reſſembloient à nos Turbots, à nos Vives & à nos Merlans, mais j'en vis pluſieurs autres pour la premiere fois. Il n'eſt guères poſſible de faire une pêche plus abondante; nous prîmes en trois coups de Senne ſept Tortues & plus de deux cens autres gros Poiſſons. Les Indiens étoient tellement devenus nos camarades, qu'ils nous aidoient à tendre & à tirer nos filets.

Ils ne témoignoient plus de défiance, & la franchise de notre procedé les engagea à porter leurs denrées, comme ris, Poules, œufs & legumes jusqu'à notre Vaisseau. Nous nous tenions cependant sur nos gardes, & quoiqu'à notre langage & à nos manieres d'agir avec eux, ils eussent reconnu que nous n'étions pas Hollandois, nous crûmes qu'il ne falloit pas tout-à-fait nous abandonner à une confiance téméraire & imprudente.

Nous portâmes avec nos provisions l'allegresse dans notre Vaisseau, où la bonne chere fit oublier les fatigues passées, & étourdit les esprits sur les dangers à venir. Dussiez-vous, Monsieur, me traiter de Pédant ridicule, je comparerai, ne vous déplaise, nos sept Tortues aux sept Cerfs que le pieux Enée distribua à sa Flotte, & je dirai de nos Matelots ce que dit Virgile * des Troyens.

Illi se prædæ accingunt, dapibusque futuris:
Tergora diripiunt costis, & viscera nudant;
Pars in frusta secant, verubusque trementia figunt
. . . .
Tum victu revocant vires.

Le 25. la pêche de la Tortue fut encore

* *Æneid. Lib.* I. v. 214.

core plus abondante : on en prit 16. avant le lever du Soleil. J'allai avec cinq ou six amis à la Chasse, & nous osâmes nous écarter du rivage & entrer dans le Bois, tandis que les Indiens devenus aussi plus hardis, s'embarquerent dans leurs Pirogues pour aller à notre Vaisseau Nous n'eûmes pas fait plûtôt cent pas dans le bois, que nous trouvâmes un Village divisé en deux grandes rues tirées au cordeau. Les maisons étoient uniformes, bâties à une égale distance, & à une même élevation de terre. Elles étoient soûtenues chacune sur huit Piliers de bois haut de 10. ou 12. pieds. Le toît étoit plat & carré, & ressembloit à l'Imperiale d'un Carosse. Entre chaque maison on avoit planté un arbre qui couvroit le toît de ses branches, & qui prêtoit un ombrage frais & necessaire sous un climat aussi brûlant que celui-là. Au milieu de chaque rue, il y avoit une espece de Halle, ou un Logis carré & ouvert de tous côtés, dont le toît étoit soûtenu par quatre gros piliers. Quatre arbres plantez aux quatre angles de ce Bâtiment, formoient une symmétrie parfaite, & rendoient le sejour de ce Village riant & aimable.

Les Indiens, que notre ſejour dans cette Iſle avoit ſans doute épouvantez, avoient pris la fuite; ce Village étoit deſert, & les maiſons, d'où ils n'avoient rien enlevé, étoient ouvertes. Elles conſiſtoient dans une petite Chambre carrée: une table, des Nattes, des Hamacs, des Métiers de Tiſſerans compoſoient tout l'ameublement. Nous ne dérangeâmes rien, afin de leur faire connoître que nous cherchions à trafiquer avec eux de bonne foi, ſans avoir deſſein de leur faire aucun tort. Nous parcourûmes tout ce Village de l'un à l'autre bout. Nous trouvâmes au dehors une maiſon plus grande & plus élevée que les autres, & nous jugeâmes que ce devoit être la Moſquée de ces Peuples, ayant déja reconnu à pluſieurs marques qu'ils étoient Mahométans. On montoit à cette Moſquée par une échelle, & la curioſité nous ayant fait entreprendre d'y monter, nous laiſſâmes quatre de nos gens en ſentinelle aux deux Avenues du Village, pour nous avertir, au cas que les Indiens paruſſent, parce qu'ils auroient été plus ſenſibles à la profanation de leur Moſquée qu'à toute autre injure.

L'in-

L'interieur de cet Edifice étoit un espace carré, dans lequel on voyoit à la partie Orientale une Chaire semblable à celle de nos Prédicateurs, & couverte d'un Tapis de toille de Cotton. Il y avoit une fenêtre aux quatre côtez, & une table auprès de chaque fenêtre. Je trouvai sur une de ces tables plusieurs papiers écrits en Caractéres Arabes, cousus les uns avec les autres, ce qui me fit juger que ce pouvoit être des feuillets de l'Alcoran. Malgré la convention que nous avions faire entre nous de ne rien prendre, je ne pûs resister à la tentation d'emporter quelques-unes de ces feuilles, les unes pliées en forme de Livre, les autres roulées dans des Cannes de bois de Banbouc. Tandis que nous faisions un examen curieux des differentes choses qui étoient dans cette Mosquée, nos Sentinelles avertirent qu'ils entendoient du bruit. Nous sortîmes promptement de ce lieu, & nous allâmes à la rencontre de 5. ou 6. Indiens qui venoient par un chemin couvert de broussailles. Notre présence les effraya, & ils prirent la fuite. Nous pénétrâmes encore plus avant dans le bois, & nous trouvâmes un autre Village si ressemblant au premier, que nous crûmes d'abord que c'étoit le même, y ayant remarqué les mêmes particularitez que dans l'autre.

Quoique l'épaiſſeur du bois ne permette pas d'étendre la vûe fort loin, je ne laiſſai pas de remarquer que la terre étoit défrichée en pluſieurs endroits, & cultivée avec aſſez de ſoin. Je n'ai jamais tant vû de Gibier: les Paons ſont auſſi communs dans cette Iſle que les Merles le ſont en France. Je remarquai ſur la terre des traces de Bœufs, de Chevres, & d'Ours, & je m'imagine que les Indiens n'ont élevé leurs maiſons ſur des piliers que pour ſe mettre à l'abri de l'inſulte des Bêtes féroces. La crainte de rencontrer dans notre chemin quelqu'Ours, ou quelqu'autre animal auſſi peu honnête, nous fit retourner vers le rivage.

Nous y trouvâmes une troupe d'Indiens armez de longues lances, & aſſemblez autour d'un grand homme ſec & pâle, dont le corps étoit couvert d'une longue robbe de toille griſe. Il avoit autour de la tête un morceau de Mouſſeline en guiſe de Turban. Ces Indiens paroiſſoient écouter ce perſonnage brun & ſuranné, avec une attention mêlée de

refrespect. A quelques pas plus loin nous vîmes deux femmes fort laides ; mais une femme, quelque laide qu'elle soit, cause toûjours de la surprise & de l'émotion à des gens qui n'en ont vû depuis longtems. Pour vous, Monsieur, qui en voyez quand il vous plaît, & qui n'en voyez sans doute que de jolies, vous ne pourrez comprendre qu'une femme laide puisse causer de la surprise & de l'admiration ; mais sachez que tout comme un Maçon est un homme pour une femme qui vit éloignée du commerce du monde, selon M. de la Bruyere, ainsi une Indienne camuse & de couleur de Marroquin jaune est une femme pour un homme de mer. Nous nous montrâmes celles-ci les uns aux autres avec la main, en disant presque tous d'une voix, *ah, voilà des femmes* ! Toutes ces voix réunies n'en formerent qu'une assez forte pour épouvanter ces Indiennes, déja intimidées par nos gestes : elles se retirerent en criant vers les Indiens, qui surpris de nous voir, se regarderent longtams, & sembloient se demander les uns aux autres ce qu'ils avoient à faire. Nous ne leur donnâmes pas le tems de prendre aucune résolution ; & après avoir sa-

salué à la maniere Mahométane celui qui nous parut être le Chef de la bande, nous nous mêlâmes parmi eux sans témoigner ni défiance, ni mauvaise intention. Cependant les deux femmes se mirent dans une Pirogue & voguerent vers la petite Isle, ce qui nous fit conjecturer qu'elle n'étoit pas si deserte, que les premiers Indiens que nous y trouvâmes le jour de notre arrivée, avoient voulu nous le faire acroire. Le Chef de cette troupe répondit à nos civilitez d'une maniere embarrassée & timide: un des nôtres lui ayant offert du vin, il en but, & fit signe d'en donner à ses Compagnons. Je jugeai par là que le vin est de toutes les Religions, & s'accommode même avec le Mahométisme. Cette liqueur les ayant mis de bonne humeur, nous leur fîmes entendre que nous souhaitions achetter quelques Bœufs, mais quoiqu'ils eussent bien compris notre demande, (car pour demander un Bœuf nous contrefaisions les cris de cet animal, or la Nature donne aux animaux le même ton par toute la terre, & un Bœuf ne beugle point autrement à *Java* qu'en Poitou) néanmoins ils feignirent de ne nous point entendre, & se re-

tire-

tirerent l'un après l'autre dans le Bois.

Pour nous, nous ſuivîmes les bords de la Mer pour rejoindre notre Chalouppe. Nous pêchâmes encore quelques Tortues, & nous embarquâmes plus de cent Cocos que les Indiens, qui avoient été à notre Vaiſſeau, nous apporterent. Ils étoient fort contens de la reception que le Capitaine leur avoit fait : on leur avoit donné un Mouchoir de Cotton de trois ſols pour chaque Poule, & ils paroiſſoient faire beaucoup de cas de cette marchandiſe.

L'uſage des Cocos, loin de cauſer des maladies, raffraichit notre équipage. La chaleur eſt extrême ſous ce climat, & je me ſuis étonné cent fois que l'intempérie de l'air & les fatigues n'ayent incommodé perſonne.

Nous retournâmes à bord du Vaiſſeau. La proviſion d'eau & de bois étoit preſqu'entierement faite, & l'on n'attendoit plus pour partir que des volailles & du ris que les Indiens avoient promis.

Le 26. on prit la réſolution d'aller à la petite Iſle. Ceux qui les jours précedens y avoient fait de l'eau, nous avoient dit que les Indiens de cet endroit les avoient bien traitez, & les avoient mê-

même invitez à aller dans leurs habitations, qu'ils avoient apporté ſur le rivage, &c. & des Nattes de Joncs travaillées avec beaucoup de délicateſſe; qu'autant qu'ils avoient pû juger par le diſcours de ces Peuples, cette petite Iſle étoit pleine de Beſtiaux & de proviſions neceſſaires à une longue navigation.

Nous allâmes débarquer à l'aiguade de la petite Iſle. Les Indiens étant venus à notre rencontre, nous inviterent à entrer plus avant dans le bois où étoient leurs habitations. Nous les ſuivîmes ſans crainte: nous étions vingt hommes armez d'une maniere qu'il n'y avoit gueres d'apparence que ces Inſulaires oſaſſent nous attaquer. Après avoir fait environ cent pas dans le Bois le long d'une Riviere, nous trouvâmes une Plaine fort étendue, pluſieurs habitations beaucoup plus élevées de terre que celles que j'avois vûes dans les deux Villages de l'Iſle de *Java*. Je ne puis mieux comparer ces habitations qu'aux Colombiers de quelques Gentilhommieres de la baſſe Bretagne : elles étoient ſoûtenues par des piliers fort hauts; on ne pouvoit y monter que par une échelle.

Cette Iſle, qui n'a que deux lieues de cir-

circuit, eſt habitée par plus de deux cens familles. Le Capitaine ou Commandant de ces Peuples, nous reçût entre les piliers qui ſoûtenoient ſa maiſon (car nous ne voulûmes point monter en haut de peur de ſurpriſe). Il nous offrit du ris cuit, des Bananes, des Goyaves & autres fruits ſemblables qui ſont communs dans toutes les Indes. Les femmes au premier abord nous parurent ſauvages & timides, mais elles ſe familiariſerent peu à peu, & elles oſerent nous parler du haut de leurs maiſons après avoir eu la précaution de tirer l'Echelle : elles nous montroient des Nattes, des Poules, des Perroquets, & nous propoſoient de les troquer pour des Mouchoirs de cotton. Leur teint eſt bazanné, & elles ont les yeux petits & la bouche grande, le nez écraſé, les cheveux noirs & longs. Elles nous parurent vives, alertes & de bonne humeur. J'achetai quatre Biches à deſſein de les porter en France, où cet animal ſeroit ſans doute eſtimé : il a toute la figure d'une Biche, quoiqu'il ne ſoit pas plus gros qu'un Lievre. La figure de cet animal eſt décrite fort au long dans les Relations Hollandoiſes.

Nous fîmes encore des tentatives inutiles pour avoir des Bœufs, mais les Indiens nous firent entendre qu'ils avoient retiré leurs troupeaux de l'Isle, & qu'ils paissoient sur les Montagnes de *Java*. Si notre Capitaine avoit voulu attendre deux ou trois jours, je ne doute point que ces peuples, qui commençoient à goûter nos manieres, & à prendre confiance en nous, ne nous eussent fourni abondamment toutes les provisions dont nous avions besoin; mais la saison étoit avancée, & nous apréhendions toûjours de ne pouvoir doubler le Cap de Bonne Esperance, & d'être obligez de relâcher à l'Isle de *Bourbon*. Voyant qu'il étoit impossible d'engager ces Indiens à nous donner des Bestiaux; nous sortîmes de la petite Isle, & nous traversâmes le Canal pour aller à l'Isle de *Java*, où nos Matelots avoient fait une provision abondante de Cocos & de fourage pour les Buffles que nous avions apportez de la Chine, & qui étoient desormais toute notre ressource. Nous pêchâmes encore cinq Tortues, de sorte que nous en avions 27. grandes & trois petites, une de ces Tortues suffit à la nourriture de 30. hommes.

Avant

Avant que de retourner à bord, un de mes amis nommé M. de Beauregard, fils du Commandant de la Marine du Port de l'Orient en Bretagne, m'invita à m'aller promener avec lui dans une Pirogue des Indiens. Nous prîmes deux Rames, & nous vogâmes vers la petite Isle. La Pirogue étoit si petite qu'à peine deux personnes pouvoient s'y asseoir. Lorsque nous fûmes au milieu du Canal, mon Compagnon fit un peu pancher la Pirogue d'un côté, de sorte qu'ayant voulu me rejetter de l'autre pour la tenir en équilibre, je le fis si lourdement que la Pirogue tourna, ensorte que nous bûmes l'un & l'autre l'onde amere. Nous n'abandonnâmes point la Pirogue, qui, quoi-qu'elle fut pleine d'eau, surnâgeoit: nos habits nous embarrassoient, & il étoit assez difficile de nâger, cependant nous eûmes le bonheur de gagner le rivage en nâgeant d'un bras, & en appuyant l'autre sur la Pirogue.

Le 27. de Mars jour de Pâques, malgré les mauvais pronostics de nos Matelots qui ne vouloient pas partir, à cause de la sainteté de ce Jour, nous levâmes l'ancre à deux heures après minuit, & nous mîmes à la voile, faisant route au Sud

Sud Sud' Oueſt à la faveur d'un vent de Nord'Eſt. Je fixai le point de mon départ à l'Iſle du *Prince*, & qui forme l'entrée du Détroit de la Sonde, qui eſt ſituée à ſix degrez 40. minutes de latitude méridionale, & à 124. degrez 30. minutes de longitude.

Notre Equipage ne manqua pas d'attribuer la tempête que nous eſſuyâmes quelques jours après à un départ ſi fort contre les regles des gens de mer, prétendant que jamais Vaiſſeau n'étoit parti d'un Port impunément le jour de Pâques. Il eſt vrai que dans le deſſein où nous étions de paſſer le Cap de Bonne Eſperance dans cette ſaiſon, un jour de plus étoit important ; mais il eſt quelquefois, & même ſouvent à propos de donner quelque choſe aux préjugez du vulgaire.

Quand nous eûmes entierement perdu la terre de vûe, nous apperçumes que notre Vaiſſeau étoit éveux. Le 28. le Maître d'Hôtel avertit le Capitaine que les futailles perdoient l'eau, qu'il s'étoit apperçû qu'il y en avoit déja trois vuides, & qu'il étoit à craindre que les Tonneaux qui étoient au-deſſous, & qui ne pouvoient être viſitez n'euſſent

le

le même ſort ; ainſi tandis que notre Vaiſſeau prenoit de l'eau en abondance par dehors, nous perdions celle que nous avions au dedans : nous fûmes réduits à une petite meſure d'eau par tête, ce qui m'obligea à ſacrifier à ma ſoif tous les animaux que j'avois pris dans l'Iſle de *Java*, Biches, Tourterelles, &c. ma ration ne ſuffiſant pas pour leur nourriture. Le 29. on obſerva la latitude qui fut de 9. degrez 53. minutes ; la longitude de 121. degrez 36. minutes. Le Vaiſſeau prenoit plus d'eau que jamais, & toutes nos marchandiſes ſe gâtoient. On ne peut naviguer ſans quelque incommodité. Nous avions de l'eau en abondance en partant de la Chine, mais les Iſles & les écueils que nous trouvions, pour ainſi dire à chaque pas, ne nous permettoient pas un ſommeil fort tranquille. Ces dangers étoient paſſez, d'autres beſoins prenoient leur place. On pompoit jour & nuit, & il n'y avoit aucune apparence d'entreprendre le paſſage du Cap de Bonne Eſperance avec une voye d'eau ſi conſiderable. Je ne ſaurois vous décrire ce qui ſe paſſoit alors dans mon cœur. Je ne me nourriſſois que de reflexions morales, & je me diſois

ſois cent fois le jour à moi-même que l'ambition eſt un vice maſqué qui cache une avarice inſatiable. En effet, pourquoi chargeons-nous une vie qui eſt ſi courte d'un ſi peſant fardeau? Et pourquoi les hommes préferent-ils les dangers & les travaux au repos & à la tranquillité? Vaine chimere dont ils ſe repaiſſent! Ils veulent, aux dépens de leur repos, & ſouvent au péril de leur vie, ſe procurer un bonheur incertain qu'ils ne poſſedent que lorſqu'ils ne ſont plus en état d'en joüir.

Quid brevi fortes jaculamur ævo
Multa? Quid terras alio calentes
Sole mutamus? Patriæ quis exul
Se quoque fugit? *

Tous ceux qui naviguent font ces ſortes de reflexions: cependant par un aveuglement que Dieu permet, ceux qui ont couru les plus grands dangers ſont prêts à s'y expoſer de nouveau; malgré toutes mes moralitez, je ne voudrois pas répondre de moi-même.

Le 30. les vents ſe rangerent du côté du Sud'Eſt, & nous fîmes route à Oueſt Sud'

* *Horat. Od. 16 Lib.*

Sud'Oueſt. La mer étoit agitée, quoique le vent ne fût pas violent, ce qui nous fit croire qu'elle avoit été battue d'une tempête les jours précedents. La voye d'eau nous incommodoit toûjours beaucoup par le travail pénible & continuel qu'elle cauſoit à l'Equipage ; cependant le Capitaine prétendoit abſolument doubler le Cap de Bonne Eſperance ſans relâcher en aucun endroit. Outre la voye d'eau, qui ſeule ſuffiſoit pour nous faire périr, notre Vaiſſeau étoit foible, mal équipé, & peu capable de reſiſter à une tempête. D'ailleurs nous ignorions la quantité d'eau qui nous reſtoit. Mais le Capitaine, quoiqu'il connût bien lui-même la témerité d'une telle entrepriſe, voulut, pour ſe diſculper auprès de ſes Armateurs, eſſuyer du moins une bouraſque pour juſtifier ſa relâche. Le 1. Avril les vents vinrent de l'Eſt Nord'Eſt, & nous continuâmes de faire route à Oueſt Sud'Oueſt jusqu'au 10. de ce mois.

Le 9. on obſerva la latitude de 19. degrez 41. minutes. La longitude de 95. degrez 21. minutes. On obſerva auſſi la variation au lever & au coucher du Soleil, elle étoit de 9. degrez vers le Nord'Oueſt.

Le dix la violence des vents redoubla, nos voiles furent emportées, & la mer étoit ſi agitée qu'elle couvroit notre Vaiſſeau. On amena les Mâts de Perroquet, & on envergua des huniers neufs. Le 11. pendant la nuit nous fûmes obligez de ſerrer toutes nos voiles, & de nous abandonner au gré des vents.

Ceux qui ſe mêlent de faire des Deſcriptions de tempêtes, les font toûjours ſelon leur imagination, & preſque jamais ſelon la réalité. Une tempête eſt un accident au-deſſus de toute expreſſion. Je n'entreprendrai point, Monſieur, de vous décrire ce qui nous arriva cette fatale nuit. J'eus l'imagination ſi vivement frappée de l'horreur du péril, qu'il ne me reſte plus aujourd'hui qu'une idée confuſe des circonſtances du péril même. Des voiles emportées par le vent, un Vaiſſeau devenu le jouet d'une mer affreuſe, un vent qui nous emportoit du Midi au Septentrion, & du Septentrion au Midi, une mer enflamée, dont les flots en couroux couvroient no-

notre Vaiſſeau, & ſembloient lui creuſer mille abîmes profonds, n'eſt-ce pas là peu près ce que diroit un Orateur, ou un Poëte? Cependant toutes ces pompeuſes Deſcriptions ne dépeignent qu'imparfaitement l'horreur d'une tempête; c'eſt l'effort ou le jeu d'un eſprit, qui rappelle à ſoi, & qui joint un nombre d'idées affreuſes, & qui force ſon imagination à décrire ce que ces idées lui repreſentent. Souvent cette imagination, qui eſt plus vive dans les uns que dans les autres, a engagé des Voyageurs à décrire des Tempêtes avec des hyperboles ſi outrées, qu'elles produiſoient un effet contraire à l'intention de l'Auteur. Je me ſouviens à ce ſujet d'une Deſcription que fait un Auteur Eſpagnol *: (l'hyperbole eſt la figure favorite de cette Nation) *Tantôt les flots*, dit-il, *s'élevoient juſqu'au Ciel, & ſembloient vouloir éteindre le feu brillant des Etoiles: nous apprébendions tous que notre Vaiſſeau ne fût la victime de cette guerre, & que le feu ne détruisît ce que les flots avoient juſques-là reſpecté; tantôt la Mer ouvroit mille gouffres profonds, & nous ap-*

* D. Louis de Gongora.

appercevions déja de près la Mort assise au pied du Trône de Pluton. Je perds de vûe la tempête, & je m'attache uniquement à l'hyperbole. La Mort, Pluton & les Etoiles m'occupent plus que le danger où se trouve l'Orateur.

Il faudroit, pour bien dépeindre une Tempête, laisser à part, s'il étoit possible, les flots, la mer & les vents, & décrire seulement ce qui se passe dans le cœur de ceux qui sont dans l'horreur & dans la crainte d'un naufrage prochain. Tandis que le danger de périr ne fut pas évident, je fus dévot, & je priai Dieu de tout mon cœur: mais si-tôt que j'apperçûs une espece de desespoir sur le visage de nos Pilotes les plus hardis, mon ame sembla se séparer de mon corps, & il ne me resta plus qu'une maniere de penser confuse, qui ne pouvoit s'appeller pensée: plus d'imagination, plus de reflexion sur le péril. Je conclus aujourd'hui que l'homme peut vivre quelquefois sans ame, s'il est vrai que l'ame s'agite à l'occasion des mouvemens du corps, de même que le corps éprouve des mouvemens à l'occasion des agitations de l'ame. Je devins comme insensible, & dussiez-vous me considerer com-

comme un poltron, je vous dirai que l'excès de ma crainte me mit hors d'état de rien craindre. Je vous avouerai encore une autre foibleſſe. La prédiction de mon Aſtrologue Chinois qui me menaça du naufrage avant que de partir, revint dans mon eſprit, & quoiqu'il me reſtât encore aſſez de raiſon pour éloigner cette idée, néanmoins ce fut un tourment pour moi que d'avoir ſans ceſſe à combattre contre mon imagination.

La tempête dura 15. heures. Les vents firent ſept fois le tour du Compas. Nos manœuvres furent briſées, & nous fûmes ſucceſſivement ſur l'eau & deſſous l'eau.

Le 12. à 8. heures du matin le vent ceſſa d'être violent, & la mer d'être agitée. Le calme rappella mes eſprits; mais je fus fort étonné de me ſentir meurtri dans tous les endroits de mon corps. J'avois à la verité une idée confuſe, qu'il m'étoit arrivé quelqu'accident facheux pendant la nuit, mais cette idée étoit, comme je vous dis, fort confuſe, & me paroiſſoit un ſonge. Il me ſembla me ſouvenir que par les mouvemens irréguliers du Vaiſſeau, une cage pleine de cent Poules ou plus, avoit long-tems roulé d'un bord à un autre, & que j'en avois une fois soûtenu le poids avec les pieds en m'appuyant sur les bords du Vaisseau. Une personne charitable m'avoit retiré de cette peine dans le tems que je n'en avois plus moi-même la force. Je n'avois rien ressenti pendant la tempê-te, mais a peine fut-elle cessée que ma douleur devint sensible : ce qui prouve fort encore le systême de l'union reciproque qui est entre le corps & l'ame. Je suis même persuadé que la peur & le courage peuvent produire les mêmes effets; car il arrive souvent que dans la chaleur d'un combat, un brave Soldat ne sent point de douleur à la perte d'un bras, ou d'une jambe, de même que dans une tempête la peur ôte le sentiment des maux qui arrivent, parce que dans l'une & l'autre occasion l'ame se porte au dehors, & ne fait plus d'attention sur ce qui se passe au dedans du corps.

Nos Matelots avoient eu soin dès le commencement de la tempête d'empêcher leurs ames d'abandonner leurs corps, & de les fixer par de frequentes rasades: ils étoient presque tous yvres & hors d'état d'obéir aux ordres qu'on leur donnoit. Un Epicurien leur donneroit des louan-

louanges d'avoir pris des préservatifs contre la frayeur : je les louerois peut-être aussi si leur yvresse n'avoit pas augmenté le péril, & ne les avoit pas mis hors d'état de nous secourir ! Qu'on fait de serieuses reflexions, Monsieur, lorsque le péril est passé ! Combien de vœux ! Quelles resolutions ne fis-je point de ne plus braver un Element dont je venois d'éprouver si sensiblement les caprices & l'inconstance ! La fortune me parut d'un trop haut prix, quand je connus qu'on ne l'acqueroit que par des dangers frequens, & par des peines continuelles. Encore si la fortune étoit aussi estimée que la gloire, l'idée & le desir d'une belle renommée feroit souffrir patiemment tous les travaux ; mais quel avantage retirent ceux qui courent les Mers ? Les Anciens ont dit avant les Modernes, qu'il falloit avoir un cœur de bronze pour oser défier un Element sujet au caprice des vents. Les Modernes aussi peu indulgens nous traitent d'avares. Digne fruit de tant de peines, dont on ne retire souvent aucun fruit ! Vous direz peut-être, Monsieur, que je n'ai gueres de courage ; je l'avoue de bonne foi : je plus de cœur d'abord qu'il faut combattre contre les Elemens ; ma Raison ne m'apprend qu'à les craindre, & nullement à triompher de ma crainte. * Nous essayâmes après la tempête de réparer le dommage qu'elle avoit causé à notre Vaisseau, dont toutes les parties sembloient avoir été désunies par les mouvemens violents que les vents & la mer lui avoient fait faire. Le Mât de Beaupré, qui est la clef & le soûtien de tous les autres, étoit fendu en trois endroits. Tout l'Equipage du Vaisseau suffisoit à peine pour rejetter l'eau qui entroit de tous les côtez. Tandis que nous étions occupez à remédier aux besoins les plus pressants, nous apperçûmes un Phenomene dans l'air qui sembloit nous annoncer une nouvelle tempête, mais qui fut une Ange de paix. Les gens de mer l'appellent *Oeil de Bœuf* : il est de la couleur de l'Arc-en-Ciel, & se forme aussi par l'interposition des rayons du Soleil. Ce Phenomene fut une marque d'alliance en-

* Dans de semblables occasions nulle difference entre les braves & les poltrons, les sages & les foux, la précaution & le hazard, tout cede également à la violence de la Mer & des vents.

entre les vents & la mer, de même qu'après le Déluge l'Arc-en Ciel fut un ſigne d'alliance entre Dieu & les hommes. La mer devint auſſi tranquille que ſi elle n'eut point été battue par les vents. Cet effet n'eſt pas ordinaire après les tempêtes : il arrive au contraire preſque toûjours que la mer eſt plus agitée après l'orage, mais dans les houragan les vents qui varient à chaque inſtant, & qui ſoufflent tantôt d'un côté, tantôt d'un autre, ſoulevent & abaiſſent ſucceſſivement les flots ; ce qui n'arriveroit pas s'ils ſoufloient conſtamment d'un même côté.

Le 13. on aſſembla le Conſeil, & on y agita long-tems, ſi malgré le mauvais état où le houragant avoit mis notre Vaiſſeau, nous entreprendrions encore le paſſage du Cap de Bonne Eſperance. Toutes les voix furent pour la négative, parce qu'outre la diſette d'eau & de vivres (car pluſieurs de nos Beſtiaux avoient péri dans la tempête, & l'eau avoit pénetré aux Soutes du pain) outre la voye d'eau qui fatiguoit beaucoup l'Equipage, la Saiſon étoit ſi fort avancée qu'il y auroit eu de la témerité à entreprendre ce paſſage qui eſt redoutable même dans la belle Saiſon. Pour moi je n'avois jamais été si éloquent, je fis une peinture si vive du danger passé & de celui où nous nous exposerions, si nous nous nous obstinions à vouloir passer outre, que j'aurois attiré tout le monde à mon avis, si par hazard ils avoient pensé differemment.

Le Capitaine fit un procès verbal pour sa décharge, & commanda qu'on fit route vers l'Isle *Mascarin* ou *Isle de Bourbon.* Nous nous appercevions déja que la meilleure partie de nos marchandises étoient mouillées, mais on fut peu sensible à cette perte, & chacun se trouva trop heureux encore de n'être pas devenu la proye des Poissons. Il est certain, Monsieur, que dans un naufrage, celui qui a le bonheur d'échapper à la fureur des flots fait peu de reflexions sur la perte de sa fortune, & il faut être bien avare si l'amour de la vie ne prévaut pas à l'interêt.

Le 14. nous fîmes route au N. O. & à Ouest $\frac{1}{4}$ de Nord'Ouest. Nous étions par la latitude de 21. degrez 26. minutes, & à 87. degrez 44. minutes de longitude: on observa aussi la variation au coucher du Soleil, qui fut de 14. degrez vers le Nord'Ouest. Les vents

nous

nous favoriserent, & nous continuâmes la même route jusqu'au 20. du mois.

Le 20. à la pointe du jour nous apperçûmes l'Isle *Maurice* à la distance de 14. lieues ou environ. On observa à midi la latitude, qui fut de 20. degrez 57. minutes, à 7. lieues de distance de cette Isle. Elle est fort montagneuse, & couverte d'arbres, comme le sont la plûpart des Isles qui sont situées entre les Tropiques. Les Hollandois en prirent autrefois possession; mais ils furent contraints de l'abandonner, à cause des Singes qui arrachoient toutes leurs plantations, & qui sembloient leur avoir déclaré une espece de guerre. Avant que de s'en retirer tout-à-fait, ils avoient essayé de remédier à ce malheur, en opposant des Chiens aux Singes, mais ces Chiens, devenus sauvages dans les bois, se multiplierent de telle sorte que le remede devint pire que le mal: ils dévoroient le bétail, & attaquoient même souvent les Habitans. La legereté & l'adresse des Singes les ayant rebutez, ils avoient fait alliance avec eux; ainsi ces animaux continuant à arracher le ris & les plantes, les Hollandois furent enfin obligez de se retirer. Cette Isle est fort fertile & abondante en Gibier, & peut produire toutes les choses necessaires à la vie. Elle a plusieurs beaux Ports. Un Capitaine de S. Malo en a pris depuis peu possession au nom du Roi, & de la Compagnie des Indes. Si on y envoye des Colonies, l'Isle de Bourbon sera bientôt deserte, parce qu'elle n'a aucuns Ports.

On observa la variation au coucher du Soleil, qui fut de 19. degrez vers le Nord'Ouest. Vers le soir nous fûmes par le travers de l'Isle Maurice, à 4. lieues de distance. Nous pûmes voir ses hautes Montagnes qui jettoient un feu noir & épais. Cette Isle a 46. lieues de tour.

Le 21. au point du jour nous apperçûmes la Côte Orientale de l'Isle *Mascarin*, & par la supputation du chemin que nous avions fait pendant la nuit, nous conclûmes que la distance qui est entre l'Isle Maurice & l'Isle Mascarin n'est pas si grande que les Cartes la marquent. Nous fîmes route à l'Ouest pour mieux reconnoître cette Isle, & ayant eu connoissance de la Riviere de Lest, qui est entre le

Païs brûlé & le Quartier de Sainte Suzanne, nous fîmes route le long de la terre, à deux lieues de diſtance, pour aller mouiller dans la Rade de Saint Denis, où eſt le Quartier du Gouverneur.

Nous jettâmes l'ancre à quatre heures du ſoir, & nous ſaluâmes de ſept coups de Canon le Pavillon de France que le Commandant avoit fait arborer. Je deſcendis à terre avec le ſecond Capitaine & deux de mes amis. Le Commandant (car le Gouverneur étoit allé en France) nous reçût au bord de la Mer avec beaucoup d'honnêteté, & nous pria de l'excuſer s'il n'avoit pas répondu au ſalut, qu'il avoit du Canon à la vérité, mais qu'il n'avoit point de poudre. Il nous aſſura qu'on trouveroit dans le Quartier de S. Denis du bois propre à faire des Mâts & des Pompes, & que l'Iſle abondoit en toute ſorte de denrées. Le ſecond Capitaine porta ces bonnes nouvelles à ceux du Vaiſſeau, & nous reſtâmes mes amis & moi chez le Commandant qui nous avoit offert ſa maiſon fort obligeamment.

Le 22. le Capitaine deſcendit à terre. Je ne ſai ſi je dois vous raconter ce qui arriva à un Paſſager qui venoit avec lui.

La plûpart de ceux qui naviguent ont coûtume, après une longue navigation, de baiser un morceau de la terre à laquelle ils abordent; celui-ci ne fut pas plûtôt sur le rivage, que pour satisfaire à ce pieux devoir, il ramassa un morceau de quelque chose qu'il crut être une pierre; il le baisoit amoureusement, lorsqu'à l'odeur, ou peut-être au goût, il s'apperçût que ce qu'il tenoit étoit tout autre chose qu'un morceau de terre. Cependant notre joye étoit sans égale d'entendre parler notre langue, & d'être dans un lieu où nous pouvions réparer le dommage que l'abstinence avoit fait à nos corps. On mit les Malades chez un Habitant de l'Isle, & on porta au Vaisseau toute sorte de rafraichissemens.

Le 3. de Mai, deux Vaisseaux parurent presque en même-tems à la vûe de l'Isle; & par un hazard assez semblable à celui qui nous avoit réunis aux Isles des Larrons, nous nous retrouvâmes encore à l'Isle Mascarin. Ces Vaisseaux étoient *le Marquis de Maillebois*, commandé par Monsieur de la Perche, & *le Comte de Lamoignon*, que commandoit M. de la Fond. Ils étoient partis de la Chine long-tems avant nous, mais le le Vaisseau *le Comte de Lamoignon* ayant perdu son Gouvernail à la sortie du Détroit de *Banca*, avoit été obligé de relâcher à *Batavia*, où M. de la Perche le convoia, ce qui lui fit perdre la Saison. Les Hollandois toûjours jaloux du commerce que les autres Nations veulent faire dans les Indes, reçurent mal ces deux Vaisseaux. M. de la Perche ne put obtenir du Gouverneur de *Batavia* la permission de faire de l'eau; il fut même obligé de partir, après avoir pris l'eau de l'autre Vaisseau. M. de la Fond ne fut gueres mieux traité, & il n'obtint du secours qu'après bien des peines & plusieurs dépenses. Ces deux Vaisseaux ainsi séparez tenterent le passage du Cap de Bonne Esperance avec si peu de succès, que l'un arriva sans Mâts de Beaupré & d'Artimon; & l'autre se trouva dans un danger si évident, que l'Equipage fit un vœu solemnel qu'il accomplit dans cette Isle.

Le 4. on embarqua les bois necessaires pour la construction des Pompes, & on fit voile pour aller au Quartier de S. Paul, dont la rade est meilleure que celle de S. Denis, & où les

les deux autres Vaiſſeaux s'étoient déja rendus. Nous avons paſſé cinq mois dans cette Iſle en bonne compagnie. Nos jours ſe reſſembloient aſſez, la Chaſſe & la promenade faiſoient la meilleure partie de nos plaiſirs.

Il y a environ 80. ans que cette Iſle fut découverte par les Hollandois, mais elle ne fut pas habitée, à cauſe de la difficulté qu'on trouva à y aborder. Les Indiens de l'Iſle *Madagaſcar* ou de S. Laurent ayant maſſacré dans un ſeul jour preſque tous les François qui s'étoient établis au Fort Dauphin, (maſſacre dont les François furent la cauſe par le peu de ménagement qu'ils eurent pour ces Peuples naturellement jaloux, & qui ne pouvoient ſouffrir la galanterie Françoiſe) quelques François échaperent à leur fureur par le moyen des femmes du Pays qu'ils avoient épouſées. Ils s'embarquerent avec leur famille dans deux Pirogues qui furent pouſſées par les vents ſur les Côtes de l'Iſle Maſcarin. Ces gens ayant trouvé ce Pays arroſé de Rivieres & abondant en Gibier, s'y établirent, & vêcurent pendant quelques années de Tortues de terre & de mer, de Poiſſon & de Gibier; comme

la

la neceſſité eſt induſtrieuſe, ils trouverent les moyens de ſuppléer au défaut du vin, en compoſant une boiſſon du miel que les Abeilles laiſſoient dans le tronc des arbres. Quelques années après, un Vaiſſeau Pirate y fut jetté par la tempête, & s'étant briſé ſur les écueils de l'Iſle, l'Equipage fut contraint de s'y établir auſſi. Ces Pirates avoient fait des courſes ſur les Côtes de *Malabar*, & dans le Golphe de l'Inde où ils avoient enlevé pluſieurs Eſclaves de l'un & de l'autre ſexe. La neceſſité les fit réſoudre à épouſer ces femmes noires. Le Pays ſe peupla inſenſiblement, & la Compagnie des Indes en ayant obtenu la Seigneurie, y envoya cinq ou ſix familles Françoiſes. Cette Iſle étoit d'un grand ſecours aux Vaiſſeaux de la Compagnie qui y hyvernoient lorſque la Saiſon étoit trop avancée pour paſſer le Cap de Bonne Eſperance. Dans ces differentes relâches pluſieurs Matelots s'y établirent, & épouſerent les filles qui étoient nées de tous ces mariages dont je viens de parler. Ces filles n'étoient ni noires ni blanches, & avoient quelque choſe de l'une & de l'autre couleur.

Vous aurez peut-être, Monſieur, de

la

la peine à concevoir comment nos Matelots François se peuvent résoudre à contracter des alliances avec des femmes si brunes. Ces gens qui n'ont pas le goût fort délicat, & dont une continence involontaire excite les passions à la vûe d'une femme telle qu'elle soit ; ces gens, dis-je, qui par les voyages continuels qu'ils font dans les Indes, ont, pour ainsi dire, accoûtumé leurs yeux à trouver suportables ces teints olivâtres & bazanez, épousent ces femmes sans répugnance, & c'est assez pour eux qu'une femme soit femme. Les Hollandois sont encore moins délicats que nos François sur cet article, & ils épousent indifferemment toutes sortes de femmes dans leurs Colonies.

Il y a aujourd'hui dans l'Isle Mascarin 900. personnes libres & 1100. Esclaves. Parmi les personnes libres, il n'y a que six familles, dont le sang soit sans mélange, parce qu'elles ont eu soin de ne se point allier avec les familles de Mulates & de Mestices. Cependant les femmes Mulates par les alliances qu'elles contractent avec les François qui quittent leurs Vaisseaux pour s'établir dans cette Isle, ont des enfans moins basanez.

Le

Le ſang ſe purifie, & leurs teints deviennent blancs peu à peu. Je vis un jour dans l'Egliſe Paroiſſiale de Saint Paul une famille entiere qui me donna de l'admiration : tous les viſages de ceux qui la compoſoient étoient de couleurs differentes, & je puis dire que ma vûe alloit du blanc au noir, & du noir au blanc. Je comptai depuis la triſayeule juſqu'à l'arriere-petite-fille cinq générations. La triſayeule âgée de cent huit ans étoit noire, telle que le ſont les Indiennes de *Madagaſcar* ; la fille étoit mulate, la petite-fille meſtice, la fille de celle-ci étoit quarteronne, la quatriéme étoit quinteronne, & la derniere enfin étoit blonde, & auſſi blanche qu'une Angloiſe ; mais toutes ces femmes ou filles en changeant de couleur, ne perdent point certaine odeur (qu'on pourroit appeller fumet) qui dénote leur origine.

Les Habitans de Maſcarin ſont doux, tranquilles & laborieux. Leurs richeſſes conſiſtent en troupeaux de Bœufs & de Moutons, en Eſclaves & en plantations que la Compagnie des Indes leur diſtribue pour une ſomme aſſez modique. Cette Iſle produit deux fois chaque année le ris & le bled, mais le bled ne ſe peut

peut conſerver plus d'un an, & il ſe corromproit même dans le cours de l'année, ſi on ſéparoit le grain de l'épi ; c'eſt pourquoi les habitans ſement beaucoup de ris, & l'embarras qu'ils trouvent à faire moudre leurs bleds à force de bras, leur fait préferer le ris pour leur nourriture ; ils aiment mieux en effet occuper ailleurs plus utilement leurs Eſclaves que de les faire moudre. Je crois même que l'habitude leur fait préferer le ris au pain, car il ne leur ſeroit pas difficile de conſtruire des Moulins à vent dans un Pays où le bois eſt ſi commun.

Quoique le Terrain ſoit très-propre à produire le raiſin, on n'y a point cependant encore planté de vignes. Ils font une boiſſon de miel qui eſt forte, & dont l'uſage trop fréquent eſt pernicieux. Ils en composent une autre qu'ils appellent *Frangorin*, du ſuc des Cannes de Sucre : elle peut enyvrer, mais l'excès n'en eſt pas ſi dangereux que celui de la boiſſon faite de miel.

L'air de cette Iſle eſt fort ſain, & les peuples y parviennent à une extrême vieilleſſe. Vers le mois de Decembre ou Janvier, il ſe leve un vent impétueux, ou plûtôt un houragan qui chaſſe tout

le

le mauvais air, il fait du ravage à la verité; il déracine les arbres & renverse les Cabannes & les plantes des Habitations, mais il enleve tout ce qu'il y a d'impur, soit dans l'air, soit sur la terre. On a remarqué que lorsque cet Houragan avoit manqué pendant une année, la santé des peuples n'avoit pas été si bonne que les autres années, & qu'il avoit regné dans l'Isle une espece de maladie épidémique dont plusieurs étoient morts. Les Habitans connoissent le tems où cet Houragan doit arriver; ils entendent pendant quatre jours un grand bruit dans les montagnes : l'air & la mer sont alors dans une tranquillité admirable. La veille de ce Houragan, la Lune paroît enflamée, & pronostique la tempête pour le lendemain.

Alors les Habitans pourvoyent à leur sureté, ils étayent leurs maisons & les arbres fruitiers, & se préparent à resister à la violence du vent. Si un Vaisseau se trouve dans les rades de cette Isle, l'Equipage doit profiter de ces avertissemens, & prendre le large, parce qu'il vaut beaucoup mieux souffrir la tempête en pleine mer que dans une rade peu sure, où le péril est plus certain à cause de la proximité de la terre. Quoi-

Quoique les Habitans de cette Isle jouïssent d'un climat si pur & si sain, ils menent pourtant une vie triste, languissante, & dénuée de tout ce qu'on appelle plaisir. Leurs habitations sont éloignées les unes des autres ; la jalousie, l'envie & l'orgueil, passions inquiettes qui sembleroient ne pas regner dans des deserts, se glissent parmi eux, & sement de la mésintelligence entre les familles, surtout entre les femmes. Celles qui sont blanches méprisent celles dont la couleur est mêlée, & celles-ci, aussi fieres que les autres, se soûtiennent par leur nombre.

L'Isle est divisée en quatre Quartiers principaux. Celui de S. Paul est le plus étendu & le plus peuplé ; il est situé au pied d'une montagne fort escarpée, les habitations sont bâties sur l'un & l'autre bord d'un grand Lac d'eau vive qui s'écoule dans la mer. Chaque famille a ses plantations au haut de la montagne. On y monte par un sentier rude & escarpé, & on trouve sur la Cime une plaine plantée d'arbres, à la reserve des lieux qui ont été défrichez : il y reste encore du terrain assez pour établir deux cens habitations. Les plantations sont de

Ris,

Ris, de Tabac, de Bled, de Cannes de Sucre & de fruits, comme Bananes, Ananas, Goyaves, Oranges, Citrons, &c.

La Paroiſſe de S. Paul eſt deſſervie par deux Prêtres de la Congregation de S. Lazare, gens d'une pieté ſinguliere, & d'une érudition profonde.

Le Quartier de S. Denis eſt ſitué à ſept lieües de S. Paul, en tirant vers l'Orient. Le Gouverneur y fait ſa demeure; il eſt moins peuplé que le premier, mais le ſcjour m'en a paru plus agréable. A deux lieues de ce Quartier, le long de la mer, on trouve celui de Sainte Marie qui eſt peu conſiderable.

Le plus fertile de tous eſt celui de Sainte Suſanne, qui eſt à quatre lieües de S. Denis à Sainte Suſanne, parce qu'on a frayé un chemin au milieu du bois, & que le terrain n'eſt pas ſi inégal que dans le reſte de l'Iſle, mais lorſqu'on veut aller de S. Denis à S. Paul, on ne peut aller que par mer; cependant les noirs paſſent quelquefois par les montagnes, & par des chemins impraticables pour ſe rendre dans ce Quartier. On fait auſſi quelquefois la moitié du chemin par mer, c'eſt-à-dire juſqu'à un lieu qu'on ap-

appelle *la Possession*; de-là on peut aller à cheval jusqu'à S. Paul: on trouve une Plaine assez étendue, & qui pourroit devenir fertile si elle étoit habitée.

On fait aisément le tour de l'Isle à pied en côtoyant la mer, mais il est impossible de pénetrer d'un côté à l'autre par le milieu de l'Isle, & personne n'a encore osé l'entreprendre, si ce n'est quelques Esclaves fugitifs qui se sont retirez dans les bois, & dont on n'a plus entendu parler. Cette Isle a cinquante-sept lieües de circuit; elle n'est habitée que d'un côté; la Partie du Sud est brûlée par les feux d'un Volcan qui répand dans les Vallées des torrens de souffre & de bitume. Je crois que ce Volcan a fait peu à peu le tour de cette Isle, parce que j'ai trouvé en creusant à trois pieds de terre le roc brûlé & calciné.

Les neiges qui couvrent les hautes montagnes de cette Isle, forment des torrens qui se jettent dans la mer, & qui portent la fertilité & l'abondance dans toute la Plaine. Ces Rivieres s'enflent considerablement en Eté, mais elles ne causent aucuns ravages, parce que leurs bords sont escarpez, & que leur lit est profond.

La

La nature donne ce ſecours aux Habitans au deffaut des Fontaines qui leur manquent ; il eſt même fort rare qu'ils puiſſent creuſer des Puits à cauſe de la ſechereſſe de la terre. Pendant les mois de Juin, Juillet & Août, les pâturages ſont rares, & on eſt obligé de chaſſer les Troupeaux dans les montagnes, où ils ſe nourriſſent de feuilles d'arbres. Chaque Chef de famille imprime une marque à tous ſes beſtiaux, & ces peuples ſont de ſi bonne foi, qu'ils ne ſe font aucun tort, & ne ſe dérobent point les uns aux autres leurs troupeaux.

Depuis que la Compagnie des Indes ſemble avoir négligé cette Colonie, ceux qui habitent le Quartier de Sainte Suſanne portent tout le poids du travail ; & ſemblables aux Abeilles, ils ont la peine & les autres le profit. Comme les Vaiſſeaux n'abordent jamais à ce Quartier, ils ne peuvent troquer leurs denrées pour des toiles dont ils ont plus de beſoin que les autres à cauſe des pluyes continuelles ; ainſi malgré la fertilité de la terre qui leur fournit des vivres en abondance, ils n'ont point de quoi couvrir leur corps, & cette indigence les empêche ſouvent d'aller à la Meſſe, &

de pouvoir ſortir même de leurs maiſons. Les Habitans des autres Quartiers où les Vaiſſeaux ont coûtume d'aborder, profitent de la facilité qu'ils ont à trafiquer avec les Etrangers ; ils enlevent tout ſans en faire part aux autres, dans la crainte qu'ils ont de manquer eux-mêmes de vêtemens, parce qu'ils ſe voyent comme abandonnez par la Compagnie des Indes, dont les Vaiſſeaux relâchent rarement dans cette Iſle. Cependant ſi ces Peuples avoient parmi eux des Tiſſerans, les femmes pourroient filer du coton : cette Iſle en produit de très-beau, mais la nature leur fait en vain ce preſent, par l'impuiſſance où ils ſont de s'en ſervir.

Le Caffé a été découvert depuis peu de tems dans cette Iſle : cette plante eſt ſauvage à la verité, mais l'on croit que lorſqu'elle ſera entée, ſon fruit ſera auſſi beau que celui qui vient du Levant. M. Para, Gouverneur de cette Iſle, a fait un Voyage en France pour faire part à la Compagnie des Indes de cette découverte, & pour convenir des moyens de la rendre utile. Le Caffé ſauvage eſt plus beau & plus gros que celui qui vient de *Moca*, mais le goût en eſt un peu diffe-

different; il eſt moins onctueux & plus amer; cependant ſi les Habitans qui étudient avec ſoin le tems propre pour enter cette plante, ſont aſſez heureux pour réuſſir quelque jour, on pourra faire alors un grand commerce de Caffé, à cauſe de la quantité de ces plantes: au reſte je ne ſai pas pourquoi la Compagnie des Indes a négligé une Colonie, qui par ſa ſituation, par la bonté de ſon climat, & par la fertilité de ſon Terroir, ne peut être que très-utile aux Vaiſſeaux qui reviennent des Indes Orientales & de la Chine. Il ne ſeroit pas difficile de faire un petit Port dans la Riviere de Saint Denis, ou dans le Golphe de la Poſſeſſion, & ſi on y envoyoit quelques nouvelles familles, elles défricheroient un terrain ſuffiſant pour leur entretien; elles y ſeroient bien-tôt établies, ſur-tout ſi cette nouvelle Colonie étoit compoſée d'Artiſans, comme Tiſſerans, Forgerons, Menuiſiers, Charpentiers, &c. Les Cordonniers ſeuls n'y trouveroient pas leur compte, à moins qu'ils n'apportaſſent la mode de ne point aller les pieds nuds. Les hommes & les femmes ne portent point de Souliers, & c'eſt une choſe aſſez plaiſante de voir une jeune fille avec une Juppe de Damas marcher nuds pieds au travers des bois.

Cette Isle étant ainsi devenue plus peuplée, les Habitans pourroient entretenir une ou deux grandes Barques pour faire le trafic des Esclaves à *Madagascar*, en partant de *Mascarin* dans la Saison propre à cette navigation; non seulement ils se procureroient par ce commerce les Esclaves necessaires à l'entretien de leurs habitations, mais encore ils pourroient retirer beaucoup d'or de *Madagascar* en échange des marchandises qu'on y envoyeroit de France ou des Indes, par les Vaisseaux de la Compagnie. J'ai vû dans cette Isle un Espagnol qui y est établi depuis peu, & qui ayant demeuré long-tems à *Madagascar*, en avoit rapporté une livre de fort bel or qu'il avoit pris dans un Ruisseau de cette Isle, de sorte qu'il y a lieu d'esperer qu'on pourroit aisément trafiquer avec les Indiens de ce Païs; en leur donnant en échange de leur or des Toilles & autres marchandises.

Tous les Habitans de *Mascarin* sont Catholiques Romains; ils vivoient autrefois dans une ignorance libertine, & leurs Curez plus attentifs à leurs interêts

terêts particuliers qu'au ſalut des Peuples, négligeoient le ſoin de les inſtruire. Le libertinage & le deſordre regnoient dans cette Iſle, & ils eurent l'audace, il y a quelques années, d'arrêter leur Gouverneur, & de le faire mourir dans un Cachot. Le Curé étoit lui-même le Chef de la conſpiration, & il donna le ſignal aux ſeditieux pendant la Meſſe : ils arracherent le Gouverneur de l'Egliſe & le traînerent dans une Priſon, où après avoir long-tems langui, il expira enfin de foibleſſe & d'inanition.

La Compagnie des Indes, après avoir puni les Complices d'un attentat ſi horrible, réſolut de remedier à ces deſordres : elle envoya à *Maſcarin*, il y a quatre ans, quatre Miſſionnaires Prêtres de la Congregation de Saint Lazare. Le Superieur de cette Miſſion eſt Prefet Apoſtolique, & a des pouvoirs fort étendus : il deſſert la Parroiſſe de S. Denis. Ces Miſſionnaires ont corrigé les Peuples, auparavant feroces, de l'yvrognerie & de la brutalité, mais ils n'ont pû ôter aux femmes le tendre penchant qu'elles ont à la galanterie, & la chaleur du climat prévaut à toutes leurs exhortations.

L'Isle abondoit autrefois en Tortues de terre, mais les Vaisseaux en ont tant détruit qu'il faut aujourd'hui les aller chercher fort loin à l'Occident de l'Isle : les Habitans mêmes n'ont plus la permission d'en tuer, si ce n'est pendant le Carême. On attribue plusieurs proprietez à la Tortue de terre, entr'autres celle de purifier la masse du sang, & de guerir certaines maladies fâcheuses dont les Chirurgiens se sont attribuez la cure. On tire de cet animal une huile fort douce, qui a presque le même goût que celle d'Olive.

Les Chevres & les Sangliers y étoient aussi en abondance, mais ces animaux se sont retirez au sommet des montagnes ; cependant les Habitans en trouvent encore beaucoup dans les bois, & ils les attrapent à la course. On y avoit aussi apporté des Indes des Lapins, des Cailles, des Perdrix & des Poules pintades ; les Lapins n'ont pû se creuser des tanieres ; les Cailles, comme oiseaux de passage, y ont peu resté, & les Perdrix sont disparues ; ainsi il n'y a eu que les Poules pintades qui se soient multipliées. Vers l'Est de cette Isle il y a une petite Plaine au haut des montagnes qu'on appelle

pelle la Plaine des *Coffres*, où l'on trouve un gros Oiſeau bleu dont la couleur eſt fort vive, & le goût paſſable. Les Habitans ne lui ont encore donné d'autre nom que celui d'Oiſeau bleu. On trouve auſſi des Perroquets de pluſieurs eſpeces, qui quand ils ſont jeunes ſe peuvent manger.

Dans le mois de Juillet & Août, mois où regne l'hyver, on voit deſcendre des montagnes une eſpece de Grive, oiſeau fort gras & d'un goût exquis; il vit de ris & de Caffé ſauvage: on le prend en lui paſſant au col un nœud coulant, attaché à une perche, & il eſt ſi peu farouche qu'il ſe repoſe ſouvent ſur le bras du Chaſſeur. Le moindre coup l'abat, & il eſt ſi gras qu'il a beaucoup de peine à voler. Cette maniere de prendre la Grive ne doit pas vous ſurprendre, on la prend ainſi dans pluſieurs endroits de l'Europe, ſurtout dans l'Iſle de *Corſe*.

Il y a auſſi des Chauve-Souris de la groſſeur d'une Poule, qui vivent de fruits & de grains. J'avois de la répugnance à ſuivre l'exemple de ceux qui mangeoient cet oiſeau, mais en ayant mangé par ſurpriſe, j'en trouvai la chair fort délicate, & on peut dire que cet animal n'a de mauvais que le nom & la figure. On n'a jamais vû dans cette Isle aucuns animaux venimeux : on n'y a à craindre ni les Serpens, ni les autres Reptiles qui sont si ordinaires & si dangereux dans les Indes. L'Araignée, animal venimeux dans tout le reste de la terre, n'a aucun venin dans celle-ci ; j'en ai vû de grosses comme un œuf de Pigeon : elles font leur toille en attachant les fils d'un arbre à un autre, desorte qn'il faut se frayer le chemin par les bois avec de longues perches. Cette Araignée est si laborieuse, qu'à peine son ouvrage est détruit, qu'elle le répare en moins d'un demi jour. Si on trouvoit le secret de mettre cette toille en œuvre, comme on l'a trouvé en France, elle suffiroit à l'entretien de tous les Habitans, car il n'y a pas un arbre où l'on ne trouve au moins deux ou trois de ces grosses Araignées.

Je ne suis point surpris de ce que cette Isle ne nourrit aucuns reptiles venimeux. Je vous ai déja dit, Monsieur, que le roc est calciné à deux pieds de terre : ainsi la raison qui empêche les Lapins de gratter la terre

&

& de s'y creuſer des troux, eſt la même qui empêche les reptiles, accoûtumez à vivre ſous terre, de s'y retirer.

Cette Iſle eſt couverte d'arbres de toute eſpece : les plus beaux ſont ceux qu'on appelle Natiers ou Bois de natte ; les Ebeniers dont le bois eſt fort luiſant, le Benjoin qui produit une gomme odoriferante dont nous nous ſervîmes pour le radoub de notre Vaiſſeau, au deffaut du Godron. Il y a beaucoup d'autres arbres fort gros & fort hauts, dont on peut faire de très-belles planches, des Mâts de Vaiſſeau, des Pompes, des Parquets, & toutes ſortes d'ouvrages de menuiſerie. Les plus belles maiſons ſont bâties de ces planches, les médiocres ſont faites de troncs de Lataniers, & couvertes de feuilles de cet arbre qui produit un fruit ſemblable à la noix.

Il y a peu d'arbres fruitiers, le Goyavier & le Bananier ſont les plus communs ; leur fruit eſt fort ſain. Le Bananier eſt d'un grand ſecours aux Vaiſſeaux : on le coupe par le pied, & on ſe ſert du tronc pour nourrir les beſtiaux ; il ſe conſerve long-tems verd,

& il eſt plein d'une eau fort douce.

Les Orangers & les Citronniers produiſent leurs fruits en abondance, & c'eſt cette abondance qui empêche qu'on en faſſe cas. Le Tamarin produit un fruit à noyau aſſez ſemblable à la date du Palmier; ſa qualité eſt froide & ſeche au ſecond degré. Il y a un Arbuſte qui produit une Noiſette medicinale, mais dont l'uſage cauſe des vomiſſemens & des douleurs violentes dans l'eſtomac: on l'appelle Pignon d'Inde. L'arbriſſeau le plus commun eſt le Cotonnier, ſon fruit eſt beau, & le Cotton qu'il produit eſt le plus blanc qui ſoit dans les Indes. Outre tous ces arbres, il y en a un d'une eſpece dont le bois eſt tendre, quoiqu'il égale en hauteur & en groſſeur les plus gros arbres: il produit au Printems une fleur fort agréable à l'odorat; les Abeilles le préferent aux autres arbres, & c'eſt ſur ſa cime qu'elles font leur miel.

Je ne veux pas davantage m'étendre ſur les particularitez de l'Iſle *Maſcarin.* J'ajoûterai ſeulement à ce que j'ai dit, qu'elle a un extrême beſoin de ſecours, & que ſi la Compagnie

des

des Indes continue à négliger cette Colonie, il est à craindre qu'elle ne se perde, & que les Habitans n'abandonnent le Païs.

Après avoir séjourné cinq mois dans cette Isle, nous fixâmes le jour du départ au 20. de Septembre. Nous prîmes des provisions abondantes de Bœufs, de Moutons, de Chevres, & de Tortues de terre, outre les provisions que chacun fit en particulier. L'experience du passé nous avoit rendus prudens. Notre Vaisseau étoit un peu plus en état d'entreprendre le passage redoutable du Cap de Bonne Esperance.

Le 20. de Septembre nous partîmes de *Mascarin* en compagnie des deux Vaisseaux commandez par Messieurs de la Perche & de la Fond. Nous observâmes la latitude méridionale à 6. lieues de distance de l'Isle, elle fut de 21. degrez 23. minutes, la longitude de 76. degrez, & la variation de 20. degrez vers le Nord'Ouest. Il y eut une éclipse de Lune qui dura depuis 8. heures jusqu'à 11. la moitié du disque de la Lune étoit obscurci.

Les montagnes de l'Isle *Mascarin* sont si hautes, que nous pouvions les voir à la clarté de la Lune à 8. lieues de distance. Le Volcan jettoit des feux en si grande quantité, qu'on voyoit clairement le haut de la montagne d'où ils sortoient.

Le 21. au matin nous apperçûmes encore l'Isle à 15. lieues de distance. Les vents étoient foibles, & nous faisions fort peu de chemin. Ce calme qui dura deux ou trois jours, nous donna occasion de visiter souvent les Capitaines des autres Vaisseaux.

Le 5. Octobre les vents changerent, & le 12. selon l'estime de nos Pilotes, & selon nos Observations, nous nous trouvâmes sur le banc des *Aiguilles*. Nous vîmes les Oiseaux bigarrez qui en dénotent la proximité. Il faut necessairement avoir connoissance de ce Banc pour assurer sa navigation. Le Cap de Bonne Esperance est situé à 34. degrez 30. minutes de latitude méridionale, & on compte environ 30. lieues de ce Cap au banc des *Aiguilles*.

Le 13. on observa la latitude à 36. degrez 20. minutes. La variation de 24. degrez vers le Nord-Ouest. Il y a 30. ans que la variation de l'Aiman étoit de 23. degrez vers le Nord'Est. Je ne sai

sai à quoi attribuer ce changement, & je laisse aux Astronomes à expliquer cette variation. Nous connûmes par ces observations que nous avions doublé le Cap de Bonne Esperance. Nous rendimes graces à Dieu pour une faveur si grande & si desirée : on ne pouvoit franchir ce passage avec plus de bonheur ; la mer & les vents sembloient avoir été de concert pour le rendre facile.

Cependant le 14. & le 15. Octobre les vents souflerent avec violence, & souleverent les flots, mais comme ils nous étoient favorables, nous prîmes patience, car une tempête dans ces passages est un tribut necessaire.

Le 16. les vents changerent, & se rangerent au Nord. La mer étoit fort agitée, & la tempête augmentoit à chaque instant. Nous mîmes à la Cape tantôt sur un bord, tantôt sur un autre. Les Vaisseaux qui nous suivoient firent la même manœuvre. La mer étoit si agitée qu'à peine nous les pouvions voir à une lieue de distance, parce que les vagues qui se trouvoient entre nous en déroboient la vûe par intervalles. Comme notre Vaisseau étoit plus fin voilier, & qu'il tenoit mieux le vent, nous perdîmes les autres pendant la nuit, & nous ne vîmes plus les feux qu'ils avoient mis à leur poupe. Nous fîmes en vain tous les signaux dont nous étions convenus, aucun des deux n'y répondit.

Le 17. à midi nous eûmes connoissance des deux autres Vaisseaux: ils avoient beaucoup dérivé, & ils étoient trois lieues sous le vent, quoiqu'ils eussent eu le vent sur nous le jour précedent. Nous arrivâmes un peu pour les joindre: les vents étoient moins violents, mais la mer étoit toûjours agitée, & les vagues passoient par dessus notre Vaisseau depuis la poupe jusqu'à la proue. Cette agitation continuelle fit ouvrir nos anciennes voyes d'eau, & les nouvelles Pompes nous furent d'un grand secours dans cette occasion.

Le 18. nous gouvernâmes au Nord, à la faveur d'un vent de Sud'Ouest. La mer devenue plus calme nous permit de nous approcher du Vaisseau de Monsieur de la Fond, qui étoit en fort mauvais état. Le Capitaine nous dit que son Equipage ne pouvoit pas suffire à pomper l'eau qui entroit dans son Vaisseau de tous les côtez, que ses Mâts étoient offensez, & qu'il n'osoit les charger de voi-

voiles. Monſieur de la Perche, dont le Vaiſſeau étoit neuf, nous dit qu'il avoit auſſi ſes incommoditez, & qu'il avoit une voye d'eau hors de l'eau, qui, lorſque la mer étoit agitée, obligeoit ſon Equipage à pomper continuellement.

Le 19. le calme ſucceda à l'orage. J'allai dîner à bord du Vaiſſeau de Monſieur de la Perche, qui m'engagea à reſter avec lui juſqu'à la vûe des Côtes du Breſil. Je reçûs avec plaiſir cette offre: ſon Vaiſſeau étoit meilleur que le nôtre, & je n'avois pas le chagrin de voir un Equipage dans un travail continuel. Je ne vous dis rien, Monſieur, de cette Navigation. Il y a mille Relations qui en parlent: car ſoit qu'on aille aux Indes Orientales, ſoit qu'on en revienne, il faut neceſſairement paſſer le Cap de Bonne Eſperance, à moins qu'on ne veuille aller aux Indes Orientales par les Occidentales, comme j'ai fait dans ce Voyage, alors on fait le Tour du Monde.

Lorſque nous arrivâmes à la latitude de 28. degrez, nous trouvâmes les vents aliſez qui furent conſtans juſqu'à la vûe du Breſil où nous voulions relâcher. Il ne ne faut pas aller reconnoître cette côte vers le Sud, quand on veut entrer dans la Baye de tous les Saints; il faut au contraire aborder au Nord de cette Baye, parce qu'on trouve les vents & les courans favorables, & qu'on les trouveroit contraires si on abordoit au Sud. Nous eûmes connoissance de la Côte du Bresil à 8. lieues au Nord de la Baye de tous les Saints. Nous trouvâmes plusieurs Batteaux de Negres Pêcheurs, ou plûtôt plusieurs troncs d'arbres liez ensemble, sur lesquels deux ou trois Esclaves se mettent & s'éloignent de terre jusqu'à cinq lieues en mer. Je retournai à bord de notre Vaisseau où je trouvai les mêmes embarras & les mêmes fatigues.

Le 16. de Novembre à dix heures du matin, nous reconnûmes le Fort S. Antoine, qui est bâti sur une des pointes qui forment l'entrée de la Baye de tous les Saints. Notre Vaisseau y entra le premier, & lorsque nous fûmes à une lieue de la Ville de *San-Salvador*, à mi-Baye, on nous tira un coup de Canon d'un petit Fort qui est au milieu du Port. Nous crumes que c'étoit un signal pour nous avertir de ne pas avancer plus avant, & de jetter l'ancre. Nous saluâmes la Ville

Ville de ſept coups de Canon, & on nous répondit de trois coups, auſſi-bien qu'aux deux Vaiſſeaux de notre compagnie.

Le Directeur de notre Vaiſſeau s'embarqua auſſi-tôt dans la Chaloupe pour aller ſaluer le Viceroi, & lui demander ſa protection & du ſecours. Nous en avions en effet un extrême beſoin. L'eau entroit de toutes parts dans le Vaiſſeau, & il étoit impoſſible qu'il pût tenir la mer en cet état. Le Viceroi fit un acueil obligeant au Directeur, & lui dit qu'il étoit très-mortifié de ce que les Ordres. du Roi ſon maître étoient ſi peu favorables aux Vaiſſeaux étrangers, que les François ſurtout en étoient la cauſe & l'occaſion, que pluſieurs Navires de notre Nation ayant relâché dans les Ports du Breſil, non contens d'y avoir fait le commerce contre les deffenſes du Roi de Portugal, avoient encore emporté beaucoup de Tabac; que les Ordres de ſon maître portoient que tous Vaiſſeaux étrangers qui viendroient dans les Ports du Breſil ſeroient confiſquez, à moins que quelque neceſſité urgente & reconnue ne l'exemptât de cette Loi; que pour cet effet on accordoit 24. heures aux

aux Vaiſſeaux pour ſe reſoudre, ou à ſe mettre ſous le Canon du Fort pour ſubir un examen rigoureux ou à ſe retirer ſans recevoir aucun ſecours : que parce qu'il avoit ſuppoſé que nous ignorions ces Ordres, il avoit fait tirer un coup de Canon pour nous empêcher d'entrer dans le Port ; que ſi nous étions dans le mauvais état que nous expoſions, nous pouvions entrer ſans crainte, que l'affection & l'eſtime qu'ilavoit pour notre Nation l'engageroit à nous donner tous les ſecours qui dépendroient de lui.

Le Viceroi tint le même langage avec les Directeurs des autres Vaiſſeaux. On tint conſeil, & on délibera ſur ce que nous avions à faire. Il étoit viſible que notre Vaiſſeau & celui de Monſieur de la Fond étoient hors d'état de tenir plus long-tems la mer : malgré la rigueur de l'examen dont on nous menaçoit, nos neceſſitez étoient trop évidentes pour en craindre les ſuites. Il n'en étoit pas ainſi du Vaiſſeau de Monſieur de la Perche, il étoit en bon état, & il pouvoit continuer ſon voyage en faiſant quelque proviſion nouvelle d'eau & de vin. M. de la Perche aima donc mieux ſe reſoudre au départ, que de courir le riſque d'être con-

confiſqué. Cependant le Viceroi qui l'eſtimoit, & qui l'avoit déja vû dans ce Port trois ans auparavant, lui fit dire ſecretement de reſter deux ou trois jours dans la Baye ſans s'aprocher du Port, & qu'il auroit ſoin de lui faire porter des proviſions pour ſon retour en Europe: il s'excuſa même d'une maniere fort honnête de ce que les Ordres de ſon Maître l'obligeoient à en uſer avec tant de rigueur.

Le Directeur de notre Vaiſſeau reçût un gros paquet de Lettres que nos Armateurs avoient envoyé par la Flotte de Lisbonne. Je ne ſaurois vous témoigner la joye que je reſſentis en voyant parmi ces Lettres un paquet qui m'étoit adreſſé. Je reconnus votre écriture, & je lus avec empreſſement les nouvelles que vous me mandiez. Ma ſatisfaction fut ſans pareille, lorſque je connus par vos expreſſions que vous conſervez pour moi les tendres ſentimens que vous aviez autrefois, & qu'une abſence de cinq années n'a point affoibli une eſtime que je cherirai éternellement.

Après avoir encore quelque tems déliberé ſur le parti que nous avions à prendre, nous prîmes celui d'entrer dans le Port

Port. Nous jettâmes l'ancre près de la Forteresse de la mer. Aussi-tôt les Ministres du Conseil *da Fazienda* envoyerent huit Gardes dans notre Vaisseau. Le Capitaine & un Officier furent mis en ôtage chez un Marchand de la Ville, formalité établie pour mieux s'assurer des Vaisseaux. On nous intima une défense de descendre à terre sous quelque pretexte que ce fut, & on prépara toutes choses pour la visite qui se devoit faire le lendemain.

Le 15. le Juge nommé par les Portugais de *Sembargador* vint avec plusieurs Ecrivains connoître & examiner l'état de notre Vaisseau, & nos besoins. A leur air grave, serieux & composé, on auroit dit qu'ils alloient décider de nos vies. Quoique nos necessitez, comme je vous l'ai déja dit, fussent évidentes, nous jugeâmes néanmoins à propos de gagner la bienveillance & l'amitié de tous ces Messieurs par des presens: l'un leur donnoit une Boëte de Thé, l'autre des Eventails, celui-ci des Bonnets brodez, celui-là des Curiositez Chinoises; en un mot chacun faisoit son présent. Mais ces Juges n'en étoient pas moins graves, ils recevoient tout gravement,

& la

& la ſeule reconnoiſſance qu'ils temoignoient étoit de nous promettre qu'ils nous remercieroient quand notre affaire ſeroit finie. Le Capitaine leur avoit promis avant que de quitter le Vaiſſeau des préſens conſiderables, ainſi ils regardoient les notres comme des bagatelles.

On produiſit le Journal de nôtre voyage, les Livres de vente, d'achat des Marchandiſes, tant du Perou que de la Chine. Nos Matelots furent interrogez l'un après l'autre, & on leur demanda ſi en partant de *Maſcarin* notre intention étoit de relâcher dans cette Baye: chacun répondit ſuivant ſes inſtructions. Les Maîtres Charpentiers du Port viſiterent exactement le Vaiſſeau, & déciderent qu'il avoit non ſeulement beſoin d'être carenné, mais encore qu'il étoit impoſſible qu'il pût jamais retourner en Europe. Ils exagererent tellement les choſes, que l'Equipage en fut allarmé.

Après cet examen, on nous accorda la liberté d'aller à terre. J'allai ſaluer le Viceroi. Je n'ai jamais vû un Seigneur plus affable & plus ami de la Nation Françoiſe. Le Breſil n'avoit jamais été gou-

gouverné que par des Capitaines Generaux, mais le Roi de Portugal ayant appris qu'on commettoitdes desordres infinis dans ces Colonies, a érigé depuis peu ce Gouvernement en Viceroiauté en faveur de ce Viceroi. Ce Seigneur tire son origine des Rois de Portugal, de la Maison de Bragance: il est Comte de Villaverde, Marquis d'Anjegas, Grand de Portugal, Surintendant General de la Marine & des Finances, & Commandeur de l'Ordre de Christ. Dans ces dernieres guerres il étoit Generalissime de la Cavalerie Portugaise. Il y a quatre ans qu'il commande dans toutes ces Colonies, & il doit retourner en Europe par la premiére Flotte. J'ai trouvé dans cette Ville un François qui, après la révocation de l'Edit de Nantes, se retira en Angleterre, où il servit longtems en qualité de Colonel d'Infanterie. Ayant été ensuite envoyé en Portugal avec Mylord Gallowai, le Roi de Portugal le demanda à la Reine d'Angleterre, & le fit Brigadier de ses Armées. Il a parcouru tout le Bresil, où il a tracé diverses Fortifications, surtout à *Rio-Geneiro*: il travaille actuellement à celle de cette Ville; c'est un homme savant, plein

plein d'érudition, & d'un commerce agréable.

Le Vaisseau de Monsieur de la Fond est en si mauvais état que les Charpentiers du Port ont décidé qu'il falloit l'abandonner. Je ne sai encore quel parti il prendra-là-dessus. M. de la Perche partira demain, & il arrivera en Europe long-tems avant nous, car selon les apparences, nous resterons ici plus que nous ne voudrions. Tout s'y fait avec une lenteur étonnante, & pour la moindre affaire, il faut une Requête en forme. Le Viceroi ne veut rien faire sans l'avis de son Conseil, de peur de se rendre suspect à des gens qui n'aiment pas son Gouvernement, parce qu'il est très-rigide, & qu'il condamne à la mort les assassins & les voleurs, chose inouïe dans ces Colonies, où les peuples commettoient autrefois toutes sortes de crimes impunément. Ce Seigneur appréhende qu'on ne lui fasse un crime de l'amitié qu'il a pour notre Nation, & quoiqu'il nous accable d'honnêtetez, nous nous appercevons avec plaisir & avec reconnoissance qu'il voudroit encore nous donner des preuves plus sensibles de ses bontez.

Je

Je donne cette Lettre à M. de la Perche qui m'a promis de vous la remettre en main. Vous ne ferez pas fâché de le connoître ; c'est une personne que j'estime infiniment. Vous ne verrez point en lui cette rusticité si ordinaire aux Eleves de Neptune, & vous me remercierez un jour de vous avoir procuré la connoissance d'une personne d'un commerce si aimable. Je suis, &c.

LETTRE QUINZIE'ME.

En Mer, à 30. lieües de la Baye de tous les Saints, le 18. Fevrier 1718.

VOus serez sans doute surpris, Monsieur, d'apprendre l'arrivée de M. de la Fond, & de ne point entendre parler de la nôtre. Le Seigneur a confondu notre prudence, & a renversé nos projets. Un nouveau caprice de la fortune nous éloigne de la chere Patrie, & je ne sai même encore s'il nous sera permis un jour de la revoir. Tout semble s'opposer à nos desseins, & la pa-

patience, dont nous avons fait tant de fois un triste & ennuyeux usage, devient plus necessaire que jamais. Mais à quoi sert la plainte? Elle aigrit l'esprit sans corriger les malheurs. Je m'attendois à vous raconter bien-tôt dans un tête à tête toutes les particularitez que j'ai remarquées au Bresil, il faut maintenant vous les écrire, & vous faire un détail de tout ce qui nous est arrivé.

Vous avez vû dans ma derniere Lettre de quelle maniere nous avions été traitez à notre arrivée. Lorsque nos necessitez furent connues, nous eûmes la liberté de prendre un Logis dans la Ville, à condition que nous n'y ferions aucun commerce sous peine de confiscation du Vaisseau, &c.

Les Juges (à qui l'esperance des présens que leur avoit promis le Capitaine avoit ôté une partie de leur gravité) nous exhortoient sans cesse à l'observation de cette Clause, quoiqu'à parler sainement il étoit aisé de connoître que tous leurs discours n'étoient que grimaces. Les Gardes qui étoient dans notre Vaisseau étoient leurs créatures, & ils nous offroient tous les jours leurs services, soit pour faire introduire des marchandises dans la Ville, soit pour en permettre le trafic dans le Vaisseau même. On voyoit pendant la nuit roder autour du Vaisseau des Batteaux pleins de Négocians qui avoient pour le moins autant d'envie d'acheter que nous en avions de vendre : mais les nôtres balancerent quelque-tems, incertains si c'étoit un piege qu'on leur tendoit, ou un desir sincere de faire un commerce franc & loyal ; cependant on s'accoûtuma peu à peu à trafiquer, malgré les Ordres rigoureux, & les suites fâcheuses qui étoient attachées à ce commerce.

Il y avoit quinze jours que nous étions dans le Port, & le *Provéedor mor* ou l'Intendant de la Marine n'avoit encore rien déterminé pour la carenne de notre Vaisseau. Il sembloit que pour une plus grande facilité, il convenoit de décharger les marchandises, & de les mettre dans quelque Magasin, mais cette permission nous fut réfusée d'une maniere qui nous fit connoître que nos prieres & nos raisons seroient inutiles. D'un autre côté les Ouvriers ne vouloient point travailler à notre Vaisseau sans en avoir reçû l'ordre des Juges, & ces Juges se hâtoient lentement, afin d'obliger

ger le Capitaine à s'expliquer ſur les preſens qu'ils demandoient lors même qu'ils feignoient de les refuſer. Leurs déliberations étoient lentes, & il falloit entaſſer Requêtes ſur Requêtes pour obtenir les moindres choſes. Le Viceroi connoiſſoit aſſez l'intention des Juges, & il n'ignoroit pas que ſous le voile d'une exactitude ſcrupuleuſe, ils cachoient des deſſeins intereſſez, mais il ne vouloit point ſe mêler trop ouvertement de cette affaire.

Enfin le Capitaine de notre Vaiſſeau, toûjours riche en promeſſes, en fit de ſi belles à tous les Juges, que nos affaires prirent un autre train en peu de jours. M. de la Fond ayant connu que ſon Vaiſſeau ne pouvoit plus tenir la mer, ſût ſemer ſon argent ſi à propos, qu'il obtint du Conſeil, par une grace ſpeciale, la permiſſion de frêter un Vaiſſeau Portugais pour continuer ſa route en Europe, & de vendre tous les agrès de celui qu'il abandonnoit. On partagea entre nos deux Vaiſſeaux les Charpentiers, & les autres Ouvriers du Port.

Notre Equipage, qui s'étoit tenu dans le devoir pendant le cours du voyage, ſe révolta trois ſemaines après notre arri-

 vée.

vée. Depuis la Chine jusqu'au Bresil, nous avions souffert une grande disette de vin ; l'abondance fut dans ce Port la source de la discorde & de la revolte. Les Matelots s'enyvroient tous les jours, & l'amour de la débauche leur ôtoit celui du travail & de leur devoir. Les Officiers voulurent remedier à ce libertinage en les empêchant de faire venir du vin de la Ville, & en ne donnant à un chacun que la quantité de vin & d'eau-de-vie qu'il pouvoit boire sans s'incommoder. Les Matelots devenus furieux par cette reforme, firent un complot entr'eux, & on peut dire que dans cette occasion l'amour du vin causa les mêmes effets, & aliena autant leur Raison que l'yvresse & l'excès.

Ceux qui jusqu'alors avoient paru les plus raisonnables, cesserent de l'être, ils enleverent le vin destiné pour la provision du Vaisseau, & après avoir maltraité les Officiers qui voulurent s'opposer à ce desordre, ils s'emparerent du coffre d'armes, & menacerent de jetter à la mer tous ceux qui voudroient resister. Comme ils avoient témoigné autrefois beaucoup de respect pour les passagérs, & que nous crûmes que notre presence les

les mettroit à la raiſon, nous nous mê-lâmes parmi eux l'Epée à la main en les menaçant, mais ils nous rendirent menaces pour menaces. La revolte étoit trop échauffée pour oſer en venir aux voyes de fait, & il étoit à craindre que leur colere ne dégenerât en fureur, & ne les aveuglât juſqu'à executer leurs menaces. On ne pouvoit diſcerner quels étoient les mutins, aucun ne parloit ſeul, tous parloient enſemble ; ce n'étoient que plaintes confuſes, que clameurs, & demandes inſolentes. Toute la troupe étoit brave, quoique peut-être chaque particulier fût lâche. Dans de pareilles émotions, employer la rigueur, c'eſt aigrir les eſprits: diſſimuler, temporiſer, ou acquieſcer à la volonté des mutins, c'eſt montrer que l'on craint, & augmenter leur inſolence, l'alternative eſt également dangereuſe.

Cependant le Viceroi ſachant ce qui ſe paſſoit dans notre Vaiſſeau, envoya une Compagnie de Grenadiers à notre ſecours. A peine la Chaloupe de ces Soldats eut abordé notre Vaiſſeau, que nos Matelots furent ſaiſis de frayeur. Les plus mutins prenoient les armes, & les laiſſoient enſuite ſans ſavoir à quoi ſe re-

resoudre. Alors les Officiers reprenant courage à mesure que les Matelots le perdoient, firent lier trente des plus furieux, & ceux-là surtout qui avoient donné le signal de la revolte. On les conduisit dans les Prisons de la Ville. Le Viceroi leur ayant demandé quelles étoient les raisons qui les avoient engagez à se revolter, ils répondirent qu'ayant voulu quitter le Vaisseau à cause des Pirateries que nous avions exercée, les Officiers s'étoient opposez à un dessein si juste; qu'il étoit faux que nous eussions fait le voyage de la Chine, que nous étions Forbans, & que nous avions enlevé un Vaisseau François venant de la Chine, dont nous avions aussi pris le nom & le passeport pour pouvoir entrer impunément dans cette Baye. Ces accusations firent peu d'impression sur l'esprit du Viceroi, homme éclairé & integre. Cependant M. de la Fond fit connoître aux Juges notre innocence, en faisant entendre tous les Matelots de son Equipage qui témoignerent que les calomnies dont on nous chargeoit étoient sans aucun fondement, &c. Le Viceroi fit mettre ces malheureux dans un Cachot, & ordonna aux Juges du Pays de faire un pro-

procès verbal de tout ce qui s'étoit passé, afin que nous pussions livrer les Criminels à la Justice à notre retour en France. Je ne sai pas encore quelle suite aura cette revolte.

Le Matelot est un animal qu'on ne peut bien définir. Si on a quelqu'indulgence pour ses fautes, l'impunité le rend orgueilleux, & semble lui donner un nouveau droit de s'écarter de son devoir; si on le traite trop rudement, il se plaint, il menace, il deserte, ou fait quelque chose encore pire. Il ne faut avoir pour lui ni une pitié trop complaisante, ni une rigueur trop outrée; en un mot on ne doit lui faire ni tort ni grace, & malheureux est le Capitaine ou l'Officier qui se familiarise trop avec son Equipage. La familiarité est la source de tous les desordres.

Notre Equipage ayant été affoibli par la détention des mutins, nous prîmes des Matelots Portugais pour travailler à la carenne de notre Vaisseau. On transporta les marchandises dans deux Vaisseaux Portugais. Le Capitaine fit dédoubler son Vaisseau, croyant qu'il seroit meilleur voilier lorsqu'il seroit moins chargé de bois. Son intention étoit bonne, mais ce changement a été la cause du malheur qui nous oblige aujourd'hui de retourner à la Baye de tous les Saints.

On a fait tant de Relations du Bresil, que je m'étendrai peu sur cette Partie de l'Amérique. Il y a environ quatre-vingt ans que les Hollandois s'emparerent des Places Maritimes, ayant crû qu'ils pouvoient acquerir sur les Portugais le même droit de conquête que ceux-ci avoient acquis sur les Indiens. Les Portugais, à qui ils avoient deja enlevé toutes les Places qu'ils avoient conquis dans les Indes Orientales, ranimerent leur courage, & après plusieurs combats, ils chasserent les Hollandois du Bresil. Barlæus Historien d'Anvers a écrit en Langue Latine l'Histoire de cette guerre, & de tout ce qui se passa sous le Gouvernement du Comte Maurice de Nassau qui étoit Generalissime des Hollandois dans le Bresil.

Pendant que les Hollandois furent maîtres de ce Pays, ils bâtirent plusieurs Forteresses, & tracerent d'autres Ouvrages qui les auroient maintenus dans la possession de leur conquête, si les Portugais leur avoient donné le tems de les achever. On voit encore les restes de leurs travaux aux environs de la Baye de tous les Saints, & on peut dire qu'ils firent plus d'ouvrage en deux ou trois ans, que les Portugais n'en ont fait avant leur arrivée, & après leur retraite.

La Baye de tous les Saints a 12. lieues de large, mais elle est peu naviguable en plusieurs endroits, à cause des bancs de sable & des écueils qui s'y trouvent. Il y a de petites Isles, peu distantes les unes des autres, où les Portugais ont des Pécheries, des Plantations de Sucre & de Tabac.

La Ville de *Sansalvador* est située à l'entrée de cette Baye. Son Port est beau, mais il pourroit l'être davantage si l'art & l'industrie aidoient un peu à la nature. Le Viceroi a entrepris d'y faire travailler, & si l'on execute son dessein, ce Port sera un des meilleurs de l'Amérique.

La Ville est divisée en haute & basse Ville. Tous les Marchands, les gens d'affaires & de mer font leur demeure dans la basse Ville à cause de la commodité du Port. Il s'y fait un grand commerce, & ce lieu fournit à l'autre toutes les denrées qui viennent du fond de la Baye. Il y a un Arsenal & des Magasins Royaux où l'on conserve tout ce qui sert à la construction des Vaisseaux.

Cette basse Ville est au pied d'une montagne peu haute, mais fort escarpée; elle n'a rien de beau ni de curieux, & il m'a paru que le tumulte & la confusion en rendoient le sejour incommode & ennuyeux.

Depuis quelques années le Roi de Portugal fait construire des Vaisseaux dans tous les Ports du Bresil, surtout à *Rio Geneyro*, & à la Baye de tous les Saints. Ces Vaisseaux s'équipent avec beaucoup moins de frais qu'en Europe; le Pays fournit du bois en abondance, & le meilleur qu'on puisse souhaiter pour la construction des Vaisseaux, non seulement pour la mâture, mais encore pour les pompes, doublage, courbes, gouvernails, &c. c'est un bois incorruptible. Je suis étonné que dans nos Colonies de l'Amérique, où l'on trouveroit les mêmes secours, on ne se soit point encore avisé d'y construire des Vaisseaux, ou du moins d'envoyer en France des planches de doublage, dans lesquelles les vers ne peuvent s'insinuer; on n'ignore pas que ce sont les vers qui pourrissent nos Vaisseaux, surtout dans la Mediterrannée, & qui font qu'ils durent si peu.

La

La haute Ville eſt ſituée ſur le ſommet de la montagne. Les maiſons aſſez grandes & commodes, mais l'inégalité du terrain leur ôte une partie de leur ornement, & rend les ruës déſagréables. La grande place qui eſt quarrée, eſt au milieu de la Ville. Le Palais du Vice-roi, la Maiſon de Ville, & celle de la Monnoye, en forment les quatre faces. Ces Edifices n'ont rien de fort remarquable, ſi ce n'eſt qu'ils ſont bâtis de pierres qui ſont venues de Lisbonne, parce que le Pays n'en fournit aucunes qui ſoient propres à la conſtruction des Bâtimens. Comme chacun fit bâtir ſa maiſon à ſa fantaiſie, tout eſt irrégulier, deſorte qu'il paroît que la Place principale ne ſe trouve là que par hazard.

Il y a pluſieurs Monaſteres. Celui des Jeſuites eſt ſitué dans le lieu le plus agréable de la Ville, & c'eſt ſans doute le plus beau, le plus vaſte, & le plus riche Edifice: on y admire ſurtout la Sacriſtie, dont tout le lambris eſt d'écaille de Tortue miſe en œuvre d'une maniere fort délicate. Les Carmes, les Cordeliers, les Capucins & les Recolets ont auſſi leurs Couvens; leurs Egliſes ſont propres, mais elles le ſont beaucoup moins que celles du Perou. La Cathedrale est un Edifice qui de loin a quelque apparence, & qui n'est rien en effet. La Nef est étranglée, mais si la dorure peut rendre une Eglise belle, celle-ci doit l'emporter sur toutes les autres. Il y a aussi des Parroisses desservies par des Prêtres Seculiers; deux Couvens de Filles, l'un de l'Ordre de Sainte Claire, & un autre qui est destiné à la retraite des jeunes filles qui ont été exposées & abandonnées au moment de leur naissance. Ces sortes d'enfans sont fort considerez dans ce Païs: le Roi les adopte, & les Dames les plus qualifiées se font un honneur de les retirer dans leurs maisons, & de les élever comme leurs propres enfans. Cette charité est bien louable, mais elle est sujette à bien des inconvéniens.

La Ville de *Sansalvador* est le Siege de l'Archevêque. Les Benedictins ont une Abbaye célèbre, & indépendante dd la Jurisdiction Archiepiscopale. Leur Eglise sera magnifique lorsque le dessein & le plan seront executez. La Ville est plus large; elle est petite, si on la renferme entre ses portes, mais si on y comprend les Fauxbourgs, elle peut passer pour une assez grande Ville.

Le

Le Gouvernement étend sa Jurisdiction sur tout le Bresil. Le Viceroi est le Chef du Conseil, & peut décider souverainement de toutes les affaires. Il y a deux Conseils, l'un nommé par les Portugais *Conseilho da relaçaon*, où se rapportent tous les Procès Criminels, l'autre appellé *Conseilho da fazienda*, qui juge des affaires du Commerce. La Justice est fort lente dans ce Païs, & on brouille plus de papier en un mois dans un de ces Tribunaux, qu'en France dans un an chez un Procureur un peu achalandé. Ces Tribunaux, par une politique semblable à celle des Espagnols du Perou dont je vous ai déja parlé, n'osoient autrefois punir un Portugais, & encore moins le condamner à la mort: mais le nouveau Viceroi a rompu la glace, & il fait peu de grace aux Criminels si-tôt qu'ils sont convaincus; cependant il ne peut s'empêcher de suivre les Loix du Pays, & il faut tant de formalitez pour convaincre un Criminel, que quand il reçoit sa Sentence de mort, on peut conclure qu'il l'a bien méritée.

Le commerce est considerable au

Bresil, & le luxe de ses Habitans le rend necessaire. Le Pays produit du Sucre, & du Tabac en abondance, & les mines donnent beaucoup d'or. On envoye chaque année de Lisbonne deux Flottes, l'une pour *Rio Geneyro*, & l'autre pour la Baye de tous les Saints; quelquefois il en part une troisiéme pour *Fernanbucco*. Ces Flottes sont nombreuses, & les Vaisseaux sont chargez de marchandises d'Europe, comme Soyeries de Gênes, Draps d'Angleterre & de Hollande tissus d'or & d'argent de Paris, & de Lyon, du vin, des huiles, de la farine, des viandes salées, &c. Les Marchands de Lisbonne & de *Porto* ont dans ce Pays des Commissionnaires qui se chargent de la vente de ces marchandises, & qui en renvoyent le produit l'année suivante en Sucre, en Tabac, & en Poudre d'or. Les Flottes font peu de séjour au Bresil, parce qu'on prépare leur Cargaison pendant le cours de l'année, & que tout est prêt lorsqu'elles arrivent.

Les Habitans du Bresil se peuvent distinguer en trois classes; en Maîtres de plantations de Sucre, &c. en Commissionnaires de Portugal, & en gens de mer. Les premiers achettent des Esclaves autant qu'ils en ont besoin, soit pour cultiver les terres, soit pour travailler aux mines. Ils attendent l'arrivée de la Flotte sur laquelle ils chargent leurs Sucres, Tabac, &c. & reçoivent l'année suivante au retour des Vaisseaux l'équivalent en denrées d'Europe. Les Commissionnaires achettent le Sucre & le Tabac de ceux qui ne les veulent pas envoyer en Portugal pour leur compte, & l'échangent avec les marchandises d'Europe qu'ils ont reçûes l'année précedente. Enfin les gens de mer sont ceux qui naviguent aux Côtes de Guinée, & qui y vont faire le trafic des Esclaves. Je ne parle point des gens de Justice, qui sont souvent Commissionnaires, Marchands & Maîtres de plantations, ni des Officiers de guerre qui font aussi le commerce par la facilité qu'il y a à le faire.

Les gens de mer qui naviguent aux Côtes de Guinée chargent leurs Vaisseaux de Tabac, & quelquefois de gros draps d'Angleterre qu'ils échangent pour des Esclaves de l'un & de l'autre sexe. Ce commerce est assez avantageux quand la mortalité ne se met point dans les Vaisseaux, mais il arrive souvent qu'étant trop

trop chargez d'esclaves, la mort en enleve une grande partie, soit par la disette des vivres, soit par la malpropreté, & par d'autres accidens: j'ajoûterai que la mélancolie est un poison qui en tue plusieurs. On voit communément en Guinée le mari vendre sa femme, & le pere ses enfans. Ces malheureux, qui tout grossiers qu'ils paroissent, ne laissent pas de reflechir, regrettent leur Patrie, & pleurent la perte de leur liberté; de sorte que le chagrin, la douleur, & souvent même le desespoir causent leur mort.

Le Bresil conserve beaucoup d'Esclaves, & ils deviennent aujourd'hui rares dans les mines. Cependant il en vient tous les ans plus de 25000. dans la Baye de tous les Saints, & on en compte plus de 15000. dans la Ville de *Sansalvador*. On peut juger par là du nombre qui est répandu dans le Païs. Il n'y a point de Portugais qui n'ait dans cette Ville une douzaine de Noirs, soit pour son service, soit pour l'interêt qu'il en retire en les louant au Public.

Ces Esclaves apportent beaucoup de confusion dans les Villes, & quoiqu'on les châtie rigoureusement, il arrive cepenpendant tous les jours quelque nouveau desordre. Ils sont voleurs, traîtres, & capables des plus grands crimes. Les Portugais choisissent parmi leurs Esclaves ceux qui sont les mieux faits, & qui témoignent le plus de courage : ils en font leurs braves en leur donnant la Dague & l'Epée. Il y en a à qui la brutalité tient lieu de courage, & qui combattent avec ardeur en faveur de leurs maîtres. Quelques-uns sont libres, ou par la bonne volonté de ceux qui leur donnent la liberté pour prix de leurs travaux, ou par l'argent qu'ils donnent pour se racheter. Tous ces Esclaves sont dangereux, & les Portugais naturels du Bresil s'en servent communément pour vanger leurs injures, & faire assassiner leurs ennemis. Ces malheureux ne sont que trop fideles dans leurs promesses, & ils commettent promptement & sans scrupule tous les crimes qu'on exige deux. Mauvaise politique de permettre à des Esclaves l'usage des armes. Je me suis cent fois étonné de ce qu'ils ne s'en sont point encore servi contre leurs maîtres, & de ce qu'ils n'ont encore osé se soûmettre un Païs où leur grand nombre, & l'indulgence aveugle qu'on a pour eux, sont

ſont un pretexte heureux, & une occaſion favorable. Le Breſil n'eſt en effet qu'un repaire de voleurs & d'aſſaſſins : on n'y voit aucune ſubordination, aucune obéiſſance. L'Artiſan avec la Dague & l'Epée inſulte l'honnête homme, & le traite d'égal, parce qu'ils ſont égaux dans la couleur du viſage. Le Viceroi a fait de vains efforts pour remedier à ces deſordres : un long uſage a prévalu à ſes bonnes intentions. Les Eſclaves qu'on envoye aux mines ſont obligez de fournir chaque jour à leurs maîtres une quantité d'or limitée. Si ce qu'ils retirent des mines dans un jour ſurpaſſe leurs conventions, ils le gardent pour ſupléer à ce qui peut manquer un autre jour. Le maître ne donne à ſon Eſclave que ſept livres de racine de Mandioc par ſemaine, & l'Eſclave ſe procure le reſte de ſes neceſſitez par ſon travail, & le plus ſouvent par ſes larcins.

Depuis quelques années, les Portugais ont négligé le ſoin de leurs plantations, & ils aiment mieux envoyer leurs Eſclaves aux mines que de les employer utilement à l'Agriculture. Cette conduite a ſes inconvéniens. La quantité de Sucre & de Tabac diminue inſenſiblement

ment, & la farine de Mandioc, qui eſt leur nourriture la plus ordinaire, devient rare. Il eſt à craindre que la famine ne ſoit une ſuite de cette avidité mal entendue. Si les Flottes de Lisbonne, qui ont coûtume de leur porter des farines toutes les années, ceſſoient de faire ce voyage (ce qui peut arriver par les tempêtes, par les guerres, ou par d'autres accidens) ils ſeroient réduits à manger les feuilles des arbres, ou des fruits ſauvages, auſſi déſagréables au goût que contraires à la ſanté.

Les Portugais ont peu de délicateſſe dans leurs manieres de manger: ils ne vivent que de viandes ſalées, & de poiſſon ſec. Les vivres ſont fort chers, & on vit mieux generalement en France pour un demi écu, qu'on ne vit au Breſil pour quatre écus. Les peuples aiment mieux garder leur argent pour briller & étaler leur magnificence dans une fête, que d'en faire uſage pour leur nourriture. C'eſt-là le vice general. En effet s'agit-il de faire une Fête en l'honneur d'un Saint, ils dépenſent le revenu d'une année en courſes de Taureaux, en Comédies, en Sermons, en Ornemens d'Egliſe, & ils meurent de faim

le

le reste de l'année. Si on ôtoit aux Portugais leurs Saints & leurs Maîtresses, ils deviendroient trop riches. Je ne prétends point blâmer par là le Culte des Saints, je ne condamne que la maniere de le rendre. On tire beaucoup d'or des mines du Bresil, & le quint du Roi de Portugal produit tous les ans plusieurs millions. Le Royaume néanmoins profite peu de tant de richesses. Les Anglois, les Hollandois enlevent tout l'or du Bresil, en fournissant au Portugal les Manufactures dont ce Royaume a besoin: Les François n'en enlevent qu'une legere partie, à cause de la cherté de leurs Manufactures. Le Roi de Portugal assembla l'an 1709. son Conseil, & on y agita long-tems s'il n'étoit pas plus à propos de garder dans le Royaume l'or du Bresil, que de le faire circuler chez les voisins par le commerce. Nous ressemblons, disoient-ils, aux Abeilles, nous travaillons en vain aux Mines, tandis que les Etrangers recueillent le fruit de nos travaux. Le luxe est la ruine des Etats: qu'avons-nous à faire des Etoffes de France, des Draps d'Angleterre, &c.

Etablissons dans ce Royaume des Manufactunufactures qui suffisent à nos besoins; ne multiplions point nos necessitez, & toutes ces bagatelles étrangeres deviendront inutiles & superflues; nous resterons maîtres de notre or, & en conservant nos richesses, nous augmenterons notre puissance. La Providence (dit alors Mylord Galloway, qui étoit General des Anglois en Portugal) la Providence a bien reglé toutes choses. La France, l'Angleterre, & les Païs du Nord sont des Pays pauvres, la terre n'y produit que du fer, du plomb, & d'autres Metaux aussi grossiers: l'industrie des habitans a suppléé à cette pauvreté, & les Peuples sont devenus laborieux par necessité. Les Rois d'Espagne & de Portugal sont maîtres d'un nouveau Monde, où la terre forme dans son sein l'or & l'argent; cette abondance a rendu les Peuples indolens, & ils ont crû qu'avec deux Métaux si précieux, ils trouveroient toûjours l'agréable & l'utile. Cet or a enfanté le luxe, mais les peuples ont négligé les choses qui pouvoient l'entretenir. Ce penchant à l'indolence leur a moins été donné par la nature, qu'inspiré par la Providence. Ils ont été contrains de recourir à leurs voisins, gens pau-

pauvres, mais laborieux, & qui depuis long-tems leur fourniſſent les choſes neceſſaires à la vie. Cette coûtume eſt devenue une neceſſité : vous la regardez comme un joug que les Etrangers vous ont impoſé, croyez-moi, ajoûta Mylord Gallowai, ne ſecouez point ce joug : ſi vous vous paſſez aiſément des François, des Anglois, &c. ces Peuples ne pourront ſe paſſer de vous, & ils viendront à main armée vous arracher cet or qu'ils regardent comme un dépôt que la Providence a remis entre vos mains. Dieu a donné aux hommes des talens divers : vous creuſez la terre, & vous cherchez dans ſon ſein l'or & l'argent? Nous nous appliquons à d'autres travaux : vous avez de l'or, nous avons des Manufactures ; il n'eſt pas juſte que vous ayez l'un & l'autre. Cette ambition ſeroit contraire aux decrets de la Providence qui veut qu'il y ait une eſpece d'équilibre par tout l'Univers. Votre or eſt deſtiné à l'achat de nos marchandiſes, & nos Marchands ne travailleroient plus ſi vous vous mêliez auſſi de travailler. Reſtez donc dans votre indolence, puiſqu'elle eſt le lien de la ſocieté entre les peuples de l'Europe.

My-

Mylord Galloway avoit raiſon, & il ſemble qu'on a ſuivi ſon conſeil, du moins nous ne voyons pas juſqu'à preſent que le Portugal ait changé la forme ancienne de ſon Gouvernement. Le Quint du Roi eſt cette année de ſix millions, mais ſi la Flotte de *Rio Geneyro* porte en Europe tant de poudre d'or, celle de la Baye de tous les Saints y portera peu de Sucre & de Tabac, & il n'y a cette année que 24000. arbres de Sucre, au lieu que ce Pays en fourniſſoit autrefois deux fois autant.

La Baye de tous les Saints eſt aſſez bien fortifiée. Il y a une Fortereſſe à la pointe de S. Antoine qui eſt flanquée de quatre Baſtions, & un petit Fort au-deſſous avec dix pieces de gros Canon. Ces deux Fortereſſes defendent l'entrée de la Baye. Monſieur Macé Ingenieur & Brigadier des Armées de Portugal, a tracé la Fortereſſe de Saint Pierre, & pluſieurs autres Fortifications qui ſeront bien-tôt achevées. Il y a au milieu du Port une Fortereſſe qu'on rétablit, & qu'on augmente aujourd'hui. L'Arcenal eſt flanqué de deux Baſtions qui commandent le Port. Entre la pointe de Monſerat & la Ville, on a éle-

élevé une Citadelle avec un Fossé large & profond, quatre Bastions, Redoutes, Glacis, demi-Lune, & Contrescarpes. A la pointe de Monserat il y a encore un petit Fort avec douze pieces de Canon. Outre toutes ces Fortifications, il y en a encore deux autres, l'une où l'on fait la poudre à Canon qui est située entre la Ville & la pointe de S. Antoine : l'autre où est le Magasin à poudre qui est derriere la Ville, & qui commande un grand Lac ou Fossé que les Hollandois ont creusé, & qui sert de Rampart à la Ville. Ainsi la Ville de *San-salvador* est entourée de la mer d'un côté, & de ce Lac de l'autre. La Garnison consiste en deux Regimens d'Infanterie, trois Regimens de Milice, & un Regiment de Noirs libres. On monte tous les jours la Garde au Palais, & chaque Garde est ou doit être de cent hommes. Le Viceroi entretient aussi quelque Cavalerie pour opposer aux incursions des bandits qui font beaucoup de ravages dans ces Colonies.

Je ne sais comment définir les habitans de cette Ville, & generalement tous les Portugais natifs du Bresil. Rien n'est

plus

plus trompeur que leur physionomie. Honnêtes & affables en apparence, ils ne sont pas moins adroits que les Chinois à cacher la haine qu'ils ont pour notre Nation, haine de caprice dont ils ne peuvent rendre d'autre raison que les Guerres que nous avons faites sur leurs Côtes, la prise de *Rio Geneyro*, &c. La Cour du Viceroi est composée d'Officiers qui paroissent les gens du monde les plus civils, & qui se font une gloire, disent-ils, d'imiter les manieres Françoises. Ils nous envoyerent à notre arrivée des presens de fruits, de confitures, de vin, &c. Ces liberalitez si peu méritées nous donnerent de la défiance, & nous reconnûmes bien-tôt que la consideration de leur interêt leur inspiroit une generosité qui ne leur étoit pas naturelle. En effet ce sont des Parasites affamez qui regardent les Etrangers comme des duppes que la fortune leur livre. Si l'Etranger tarde trop à témoigner sa reconnoissance pour les services & les presens qu'il a reçûs de leur part, ils changent de manieres, & deviennent ses ennemis. Néanmoins parmi ce grand nombre d'Escrocs, j'ai vû à la suite du Viceroi plusieurs Officiers de Portugal qui remarquoient aussi-bien que nous les vices de ces Americains, & qui pratiquoient avec plaisir les devoirs d'une honnête societé.

Les mœurs sont corrompues dans ce Pays, & l'homme y porte un front qui ne rougit jamais. Les femmes ne sont pas moins débauchées : elles vivent dans un desordre public. Les Religieux & les Prêtres Seculiers (outre leur ignorance qui est honteuse, & au-dessus de toutes les expressions) ont un commerce public avec les femmes, & on les connoît plûtôt par le nom de leurs Maîtresses que par celui qu'ils ont. Immodestes dans les Eglises ; s'ils écoutent une femme dans le Tribunal de la Pénitence, ils semblent plûtôt la cajoller que lui inspirer des sentimens de contrition & de pieté. Ils courent pendant la nuit travestis, les uns en femmes, les autres en habits d'Esclaves, armez de poignards & d'armes encore plus dangereuses. Les Couvens mêmes, ces Maisons consacrées à Dieu, servent de retraite aux femmes publiques. Je ne sais, Monsieur, si je dois m'étendre sur leur libertinage ; il me semble qu'il vaut mieux passer leurs crimes sous silence, & puisqu'il n'y a en eux

eux aucune vertu que je puiſſe louer, du moins je dois cacher leurs vices, & ne pas ſcandaliſer l'Egliſe en révelant les iniquitez de ſes Miniſtres.

Les femmes les plus vertueuſes, c'eſt-à-dire, celles dont le deſordre eſt moins public, font de leurs maiſons un Serail de femmes Eſclaves. Elles les ornent de chaînes d'or, de Bracelets, de Bagues, & de riches dentelles. Ces Eſclaves ont toutes leurs Amans, & leurs Maîtreſſes partagent avec elles les profits de leur infâme commerce. Les Portugais naturels du Breſil préferent la poſſeſſion d'une femme noire ou mulâte, à la plus belle femme. Je leur ai ſouvent demandé d'où procedoit un goût ſi bizarre, mais ils l'ignorent eux-mêmes. Pour moi je crois qu'élevez & nourris par ces Eſclaves, ils en prennent les inclinations avec le lait. J'ai connu une fort aimable femme de Lisbonne qui avoit épouſé un homme de ce Pays : la diſcorde regnoit dans leur ménage, & l'époux mépriſoit l'épouſe pour l'amour d'une noire qui n'auroit pas merité l'attention du plus laid Noir de toute la Guinée. Sans entrer dans un plus long détail du libertinage qui regne dans ces

Colonies; je vous dirai, Monſieur, que les Portugais reſſemblent en toutes choſes aux Eſpagnols du Perou dont je vous ai parlé dans mes Lettres précedentes. Le même eſprit de débauche, d'irréligion, d'ignorance & de préſomption eſt répandu par toute l'Amerique. Je n'entendois pendant la nuit que les triſtes accords d'une Guitarre. Les Portugais en longues Robbes de Chambre, le Roſaire en Echarpe, l'Epée nue ſous la Robbe, & la Guitarre à la main ſe promenoient ſous les Balcons de leurs Dames, & là d'une voix ridiculement tendre, ils chantoient des airs qui me faiſoient regretter la Muſique Chinoiſe, ou nos Gigues de baſſe Bretagne.

Le 23. de Decembre un Vaiſſeau venant de *Rio Geneyro* apporta la nouvelle qu'il y avoit ſur ces Côtes un Vaiſſeau Pirate qui avoit déja enlevé pluſieurs Vaiſſeaux Portugais, qu'un brouillard épais l'avoit dérobé lui-même à ſes pourſuites, que quelques Portugais qui s'étoient échapez du Vaiſſeau avoient dit qu'il étoit armé de 30. pieces de Canon, & de 300. hommes de differentes Nations, commandez par un Capitaine Eſpagnol de l'Iſle de Saint Domingue. Le Vice-

Viceroi ayant appris cette nouvelle, fit équiper une Fregatte de guerre qu'il avoit fait construire dans ce Port. Mais cet armement fut fort lent, & on eut beaucoup de peine à rassembler un Equipage. Cette nouvelle nous fit prendre la résolution d'attendre le Vaisseau de Monsieur de la Fond, & de partir avec lui pour pouvoir resister aux attaques de ce Corsaire, qui étoit sans doute instruit de notre sejour dans ce Port.

Le 24. le Viceroi nous fit l'honneur de nous inviter à aller entendre la Messe de minuit dans un Couvent de Religieuses. Je me rendis au Palais à huit heures du soir. Tous les Officiers de la Garnison y étoient assemblez, & le Viceroi les regala d'une superbe colation. Nous allâmes à dix heures à l'Eglise de sainte Claire, où je ne m'attendois pas à voir une Comédie, ou plûtôt une Farce. Dans toutes les Maisons Religieuses de Portugal les jeunes Meres étudient pendant l'année un certain nombre de sottises, & de Chansons gaillardes pour les débiter pendant la nuit de la Nativité. Ces Dames étoient dans une Tribune ouverte & élevée, chacune avoit son Instrument, Guitarres, Harpes, Tambourins, Viguelles, &c. Leur Directeur en entonnant le Pfeaume *Venite exultemus*, donna le fignal. Alors toutes les Religieufes fe mirent à chanter les Chanfons qu'elles avoient étudiées avec tant de foin: chacune chantoit la fienne, & cette diverfité de Chanfons & de voix formoit un charivari, qui joint aux Inftrumens qui étoient auffi peu d'accord que les voix, donnoit une jufte envie de rire. Elles fautoient & danfoient avec un fi grand bruit, que je crus que femblables aux Nonains de Loudun, elles étoient poffedées de quelque Efprit folet, ou d'un Lutin d'une humeur gaye & joviale. Mais le tems d'être furpris n'étoit pas encore venu. Le filence fucceda au tintamrro, & au lieu des leçons qu'on lit à chaque Nocturne de Matines, une Religieufe fe leva, & s'étant gravement affife dans un Fauteuil, elle fit un long difcours à l'Affemblée en Portugais corrompu, tel que le parlent les Efclaves. Ce difcours étoit un recit fatirique des intrigues galantes des Officiers de la Cour du Viceroi. Elle défigna la Maîtreffe d'un chacun, & fit un détail de fes bonnes & mauvai-

fes

ſes qualitez. On commença le ſecond Nocturne: le Directeur en recita les Pſeaumes à baſſe voix, tandis que les bonnes Dames firent les mêmes extravagances, & ajoûterent un entre-acte ſemblable au premier. Il ſurvint un petit incident au troiſiéme Nocturne, & l'Amour voulut jouer ſon Rôle dans cette Comédie. Mais pour l'intelligence de cette Scene vous devez ſavoir, Monſieur, qu'en Eſpagne & en Portugal les Cavaliers font l'amour aux Religieuſes, ce qu'ils appellent *Indevotarſe*. Le neveu du Viceroi appellé Don Henriqués Meneſés aimoit une de ces Dames, mais cet amour trop Platonique étoit peu capable d'occuper tout ſon cœur, & il cherchoit ſouvent des amours & des occupations plus ſolides. La Religieuſe jalouſe ne vouloit point entendre raiſon, & privée de certains plaiſirs, elle vouloit auſſi les interdire à ſon Amant. Elle choiſit cette nuit pour lui reprocher ſon infidélité. Le troiſiéme Nocturne étant donc fini, & les Danſes, & les Chanſons achevées, elle accabla Don Henriqués des reproches les plus tendres: tout ce qu'elle dit fut joliment dit, mais le Cavalier peu docile, reçut mal la Mercuriale, & rougiſſant du peu de honte de ſa Dame, il ſortit bruſquement de l'Egliſe. La Religieuſe ſenſible à un départ ſi prompt, va, lui dit-elle, te vanter au pied de mes rivales du mépris que tu fais de ma tendreſſe & de mes reproches: Cette cataſtrophe fut le dénouement de la Comédie. On chanta une Meſſe où toutes les Religieuſes communierent.

Vous aurez de la peine, Monſieur, à croire un ſemblable recit, cependant n'en retranchez pas, s'il vous plaît, la moindre circonſtance. Je ſai qu'il eſt aſſez difficile de croire que des femmes conſacrées à Dieu par des vœux ſolemnels, ſoient capables de commettre des excés ſemblables : il eſt pourtant vrai que j'ai vû & entendu réellement tout ce que je viens de vous décrire. Il y auroit bien des reflexions à faire là-deſſus, mais la morale a mauvaiſe grace dans ma bouche.

Cependant je paſſois triſtement la vie. Je faiſois ma cour au Viceroi, & je paſſois une partie de la nuit dans ſon Palais. On y tenoit une converſation muette : chacun diſoit ſon Roſaire, ou faiſoit ſemblant de le dire; on rioit peu, & on s'ens'ennuyoit beaucoup, c'eſt l'Etiquette du Palais. Je rendois auſſi des viſites fréquentes à l'Archevêque; c'eſt un ſaint Vieillard qui aime à raconter, & qui raconte bien.

Le 15. de Janvier un Vaiſſeau Portugais venant d'Angola rapporta que les Hollandois commettoient pluſieurs actes d'hoſtilité contre les Portugais dans les Mers de Guinée. Les Hollandois avoient fait depuis quelques années un Traité avec les Portugais, par lequel les premiers cedoient à ceux-ci le commerce des Eſclaves à Angola, & dans d'autres Comptoirs de la Côte d'Afrique, à condition qu'ils ne porteroient dans ces Pays aucunes Manufactures, mais ſeulement le Tabac & l'or du Breſil, parce qu'ils ſe reſervoient le commerce des Draps & autres Marchandiſes ſemblables. Les Portugais faiſoient un commerce ſi conſiderable & ſi avantageux, que les Hollandois en prirent de l'ombrage, & ſous divers pretextes, ils coururent ſus aux Portugais, attaquerent leurs Vaiſſeaux, & entreprirent de ruiner leur commerce. Ils les accuſerent d'avoir manqué aux conventions qu'ils avoient fait enſemble en portant en Afrique des Draps, des Soyeries, & autres Manufactures. La Loi du plus fort fut la meilleure. Les Hollandois trop puissans dans ces Mers pour craindre les represailles, s'emparerent des Vaisseaux Portugais, & celui qui rapporta cette nouvelle ne se sauva qu'après un long combat. Cet accident va suspendre le commerce, & il est à craindre que le Bresil ne manque bien-tôt d'Esclaves. Il est de la politique & de l'interêt du Portugal d'accommoder promptement ce differend. Le Viceroi nous donna des Lettres pour le Conseil de ce Royaume, afin d'apporter les remedes necessaires à ce desordre.

Le Pirate dont je vous ai parlé continuoit ses courses, & nous apprîmes qu'il avoit voulu attaquer une Fregatte Françoise qui étoit dans un Port de l'Isle Grande. L'Equipage François remorqua son Vaisseau le plus près de terre qu'il lui fut possible, & se fortifia sur le bord de la mer en élevant une petite batterie qui, jointe à celle du Vaisseau, auroit fort incommodé le Corsaire, s'il ne s'étoit retiré promptement.

Notre Vaisseau étoit toûjours en carenne, & les Ouvriers du Port faisoient fort

fort peu d'ouvrage dans un jour. Les Portugais ne dégenerent point, & le Noble comme le Roturier, le Bourgeois & le Soldat aiment les commoditez de la vie. Un Artisan n'oseroit travailler après son dîner sans avoir un peu dormi. La chaleur du Climat, & l'habitude ont établi cet usage, & il nous fallut prendre patience, comme si cette vertu eût été notre seule ressource pendant tout le cours de ce voyage.

Nous nous étions déja apperçûs que l'eau de la mer avoit mouillé nos marchandises, surtout les soyes crues dont la qualité avoit déja été alterée par la finesse des Chinois, comme je vous l'ai déja dit. Nous prévoions déja que les profits de ce Voyage seront fort médiocres. Monsieur de la Fond avoit abandonné son Vaisseau. Tout le poivre qu'il avoit acheté à la Chine, & plusieurs autres effets avoient été avariez, & sa Cargaison n'étoit pas en meilleur état que la nôtre. Nous nous consolions les uns & les autres, & le nombre des malheureux diminuoit les malheurs particuliers.

Le 4. de Fevrier le Viceroi nous invita à aller passer trois jours à une lieue de la Ville, où l'on celebroit la Fête d'un Saint peu connu dans notre Calendrier, mais fort fameux dans ce Pays sous le nom de *San Gonzalés d'Amarante.* Nous partîmes en compagnie du Viceroi & de toute sa Cour. Nous trouvâmes auprès de l'Eglise dédiée à Saint *Gonzalés* une multitude étonnante de gens qui dansoient au son de leurs Guitarres. Ces Danseurs faisoient retentir la voûte de l'Eglise du nom de *San Gonzalés d'Amarante.* Si-tôt que le Viceroi parut, ils l'enleverent & l'obligerent à danser & à sauter; exercice violent qui ne convenoit gueres à son âge, ni à son caractere: mais c'eût été une impieté digne du feu, au sentiment de ce Peuple, s'il avoit refusé de rendre cet hommage au Saint dont on celebroit la Fête. On nous fit aussi danser bon gré malgré, & c'étoit une chose assez plaisante que de voir dans une Eglise des Prêtres, des femmes, des Moines, des Cavaliers, & des Esclaves danser & sauter pêle-mêle, & crier à pleine tête *Viva San Gonzalés d'Amarante.* Ils prirent ensuite une petite Statue du Saint qui étoit sur l'Autel, & se la jetterent à la tête les uns des autres: en un mot, ils fi-

firent ce que faisoient autrefois les Payens dans un Sacrifice particulier qu'ils avoient coûtume de faire tous les ans à Hercule, pendant lequel ils fouettoient & accabloient d'injures la Statue du demi-Dieu. L'Eglise de *San Gonzalés* est bâtie sur une Coline qui s'étend jusques sur le bord de la mer : elle est entourée de Bosquets, où les Portugais avoient dressé des Tentes. Toutes les Courtisannes de la Ville s'y étoient retirées ; on n'entendoit par tout que des cris de réjouïssance, & des concerts de Harpes & de Guitarres. La gravité Portugaise étoit défigurée, & rien ne manquoit à la Fête, sinon que Bacchus s'en mêlât ; mais les Portugais ne l'admettent presque jamais à leurs divertissemens.

Le Viceroi avoit fait dresser ses Tentes au milieu d'un petit Bois d'Orangers à un quart de lieue de l'Eglise. On y fit bonne chere pendant trois jours, j'y remarquai quelques leçons du Cuisinier François. On representa le premier jour de la Fête une Comédie Espagnole fort mauvaise, & qui fut jouée par les plus pauvres Acteurs du monde. La Piece étoit intitulée *la Monja Alfe-*

rez. La Scene du premier Acte étoit à Madrid, celle du second au Calao du Perou, celle du troisiéme à Barcelonne, & la durée de la Piece étoit de trente-deux ans. Le Théatre étoit dressé vis-à-vis l'Eglise de Saint *Gonzalés*. Les Acteurs chanterent des Hymnes en l'honneur du Saint, Hymnes ridicules & même peu Chrétiennes par un mélange impie du Sacré & du Profane. Le troisiéme jour nous retournâmes à la Ville, & le Viceroi fut escorté par cinq ou six cens Cavaliers Portugais Campagnards, qui avoient abandonné leurs Habitations pour assister à cette Fête.

Vous vous étonnerez sans doute qu'on souffre tant d'abus dans ces Colonies: mais il est difficile d'y remedier. Si un Voyageur parle des desordres des Religieux, & de ceux qui ont la conduite des ames; s'il met leurs crimes en évidence; en un mot s'il ose dire que dans toute l'Amerique les Pasteurs sont des Hypocrites, qui sous un extérieur grave & composé cachent un cœur livré aux passions les plus honteuses; ce Voyageur est un imprudent, disent les uns, il devoit cacher les fautes que commettent

tent des perſonnes conſacrées à Dieu, & ne pas expoſer leur Miniſtre au ſcandale & au mépris. Les autres nient les faits que le Voyageur rapporte, & traitent de menſonge & d'impoſture tout ce qui condamne la conduite de ces mauvais Paſteurs. Ainſi le Prince ne peut déraciner les vices qu'on tolere, qu'on diſſimule, & qu'on n'oſe lui rapporter ; il ne peut envoyer des ordres ſalutaires pour reformer les mœurs des Eccleſiaſtiques, l'Eſprit de la Religion s'éteint dans ces Colonies, la pieté y eſt toute extérieure, l'ignorance & la préſomption y triomphent, & la morale de J. C. y eſt ſi défigurée, qu'on n'en reconnoît plus aucun principe.

Le dix on acheva la carenne de notre Vaiſſeau, & nous nous préparâmes au départ. Le Capitaine, ſemblable à celui qui dans une tempête promit à Jupiter un Bœuf, dont il ne lui donna que les cornes après l'orage, le Capitaine, dis-je, oublia les promeſſes qu'il avoit fait aux Juges, ſitôt qu'il n'eut plus beſoin de leur ſecours. Il crut ſe dégager de ſes magnifiques promeſſes, en leur donnant quelques bagatelles Chinoiſes. Mais ces Meſſieurs aimoient les choſes

ſo-

ſolides, & lorſqu'ils s'apperçurent qu'on s'étoit, pour ainſi dire, mocqué d'eux, ils conçurent un dépit mortel contre notre Nation, & ils reſolurent de ſe vanger ſur les premiers Vaiſſeaux François qui viendroient dans cette Baye. Nous ignorions alors que le ſort devoit tomber ſur nous-mêmes, & que nous ſerions les premieres victimes d'un reſſentiment dont nous étions déja la cauſe.

Le 17. nous fîmes embarquer nos Matelots rebelles, & on leur fit eſperer le pardon de leur revolte s'ils réparoient leurs fautes par une meilleure conduite. Nous prîmes congé du Viceroi. Ce Seigneur toûjours plein de bonté pour moi me donna des Lettres de recommandation pour le Comte de Ribeira ſon neveu, Ambaſſadeur en France, pour le Comte d'Ericeyra, pour pluſieurs autres Seigneurs Portugais; car notre deſſein étoit d'aller à Lisbonne.

Nous mîmes à la voile pour ſortir de la Baye de tous les Saints. Monſieur de la Fond nous accompagnoit avec le vaiſſeau qu'il avoit frêté. Le vent étoit favorable, & nous perdîmes bientôt la terre de vûe. Nous avions fait environ 40. lieues lorſqu'on s'eſt apperçû que notre Vaisseau étoit plein d'eau. Le Capitaine a été fort surpris, & je suis persuadé qu'il a condamné intérieurement l'imprudence qu'il a eu de dédoubler son Vaisseau. Il n'y a point d'autre parti à prendre que celui de relâcher une seconde fois. Ainsi, Monsieur, il y a deux jours que nous virâmes de bord pour rentrer dans la Baye de tous les Saints: M. de la Fond nous accompagne, & il est dans notre Vaisseau, où il tâche de nous consoler du malheur qui nous arrive. Nous allons être derechef exposez aux lentes déliberations du Conseil Portugais, & livrez à la merci de ces Juges qui ont formé tant de projets de vengeance. Nous n'envisageons d'autre alternative que le naufrage, ou la perte d'un bien qui nous a coûté tant de peine. Je m'imagine que ces Juges nous feront un procès sur notre retour, & sur les marchandises que quelques particuliers ont vendu contre les Ordres du Roi. Ils avoient même déja commencé à se vanger de nous avant notre départ, en faisant emprisonner tous ceux qui étoient soupçonnez d'avoir fait quelque négoce avec nous, sans considerer qu'ils avoient eux-mêmes donné les

mains

mains à ce commerce, & qu'ils avoient acheté plusieurs effets par l'entremise es Gardes qu'ils nous avoient donnez.

Voilà, Monsieur, quelles sont nos craintes & nos allarmes. On confisquea peut-être notre Vaisseau, à moins que le Viceroi, par un trait de sa generosité ordinaire, ne nous donne du secours dans cette occasion. Je donne ma Lettre à Monsieur de la Fond. J'envie son bonheur, & je voudrois, comme lui, retourner vers la chere Patrie après une si longue absence. Adieu, Monsieur, nos Capitaines se séparent, & s'embrassent en pleurant, je n'aurois jamais crû que l'amitié des gens de mer fût tendre jusqu'aux larmes. Je suis de tout mon cœur, &c.

LETTRE SEIZIE'ME.

A Gênes, le 29. Juillet 1718.

MONSIEUR,

Je vous ſuis fort obligé de vos nombreux *De profundis*, & quoique vous ayez crû qu'il en falloit dire pour ceux qui étoient dans l'autre monde, je vous dirai ingénuement que je me paſſerai volontiers de ces Pſeaumes Mortuaires. Votre ami de Bayonne m'a remis toutes vos Lettres. Je vous rends de nouvelles graces pour les témoignages obligeans que vous me donnez de votre amitié. Mais ſurtout point de *De profundis*.

La joye que je reſſens d'être arrivé en Europe eſt un peu moderée par les embarras où nous nous trouvons ici. La fortune toûjours conſtante à nous perſecuter nous donne une fin ſemblable aux commencemens. C'eſt peu qu'elle nous ait rendu le jouet des vents & de la mer, & qu'elle

& qu'elle nous ait fait errer de Ports en Ports depuis deux ans; elle nous livre aujourd'hui au monſtre appellé *Chicane*, monſtre plus dangereux, plus redoutable que tous les écueils des Mers de la Chine. Cette diſcorde qui nous a toûjours tenu une ſi fidèle compagnie ne nous quitte pas, & nous ſommes auſſi peu d'accord enſemble, que nous l'étions à la Chine & ailleurs. Mais avant que de vous entretenir de nos affaires, il faut que j'acheve de vous raconter ce qui nous arriva à la Baye de tous les Saints. Vous avez pû voir par ma Lettre précedente par quel accident fâcheux nous nous trouvâmes réduits à retourner dans ce Port. Je vous fis part de nos allarmes, & des juſtes ſujets de crainte que nous avions.

Après avoir pris congé de M. de la Fond, nous entrâmes dans la Baye de tous les Saints, & nous allâmes jetter l'ancre auprès de la Fortereſſe du Port environ à minuit. Le Batteau de Garde vint nous reconnoître, & porta au Viceroi la nouvelle de notre retour. Ce Seigneur qui connoiſſoit l'avidité des Juges du Pays, & les projets de vangeance qu'ils avoient méditez contre notre Nation

tion, fut très-fâché de nous voir revenir: il prit pourtant la resolution de nous secourir, si notre retour étoit fondé sur des causes légitimes. Il pouvoit en effet nous donner des preuves de sa generosité, sans aller contre les Ordres du Roi son maître, parce que Sa Majésté ne refusoit point un azile dans ses Ports aux Vaisseaux qui se trouvoient dans des necessitez pressantes, & qui ne pouvoient tenir la mer sans courir les risques d'un naufrage.

Le lendemain à la pointe du jour j'écrivis deux Lettres, l'une à l'*Oidor del Crime*, & l'autre à l'*Oidor del Civel.* Mais avant que de vous parler de l'effet que produisirent ces Lettres, il faut que vous sachiez que le Conseil *da Fazienda* est composé de six Juges dont le Viceroi est le Président, & a deux voix. J'avois connu assez particulierement le Lieutenant Criminel & le Lieutenant Civil: ces deux Juges étoient plus integres que les autres, & j'esperai de leur amitié & de leur équité qu'ils se joindroient au Viceroi pour nous procurer une reception favorable. Je leur écrivis " que je ne doutois point que l'état „ où nous nous trouvions ne les engageât

„ à nous

„ à nous proteger, & que je ne croyois
„ pas qu'ils voulussent suivre av uglé-
„ ment les sentimens de ceux qui avoient
„ juré notre perte. Que j'avois toû-
„ jours reconnu en eux tant de probité
„ & d'honneur, que j'étois persuadé
„ que ce qui s'étoit passé avant notre dé-
„ part de ce Port n'avoit point alteré
„ des sentimens si nobles & si équita-
„ bles. Que je les priois de considerer
„ qu'il seroit injuste de punir plusieurs
„ innocens pour la faute d'un seul; &
„ que si le Capitaine de notre Vaisseau
„ avoit manqué à sa parole, nous ne
„ nous en étions pas rendus les garants;
„ que l'experience du passé le rendroit
„ à l'avenir plus fidèle dans ses promes-
„ ses, & plus diligent à les executer. Je
„ les priois ensuite de se souvenir de l'a-
„ mitié qui avoit été entre nous pendant
„ le séjour que j'avois fait dans ce Pays,
„ & de considerer qu'ils ne pouvoient
„ agir contre le Capitaine sans agir aussi
„ contre moi „. J'écrivis en même tems à Monsieur le Brigadier Macé, pour le prier de se trouver au Palais du Viceroi lorsque nous irions à l'Audience.

Après avoir pris cette précaution, je descendis à terre avec le Capitaine, & nous

nous allâmes au Palais. Le Viceroi nous donna une Audience favorable, & sans nous promettre positivement son assistance, il nous fit connoître par ses manieres qu'il ne nous la refusoit pas. Il affecta plusieurs fois de dire qu'il avoit prévû l'accident qui nous étoit arrivé, & qu'il y avoit eu de l'imprudence à dédoubler notre Vaisseau. Je m'apperçûs même qu'il trouvoit un plaisir secret à dire qu'il avoit été bon Prophete. Cependant il ordonna qu'on assemblât le Conseil, & le Capitaine eut ordre de retourner à son Vaisseau. Pour moi j'obtins la permission de rester à terre, & d'aller dans la maison de Monsieur Macé. Le Viceroi pour me faire la grace toute entiere, fit rappeller les Gardes qui m'accompagnoient. Le Capitaine me recommanda les interêts de son Vaisseau, & je lui promis d'en avoir soin, à condition qu'il tiendroit les promesses que je ferois aux Juges en son nom. Monsieur Macé, qui n'avoit pas reçû ma Lettre, parce que le Porteur n'avoit pû lui parler, fut fort surpris de notre retour. Il envoya chercher aussitôt les Lieutenans Civil & Criminel, qui étoient ses amis particuliers. Ils avoient déja

déja reçû mes Lettres, & ils s'étoient assemblez pour déliberer sur ce qu'ils avoient à faire. Ils ne tarderent pas à venir, & après m'avoir fait un compliment sur mon retour, ils m'avouerent qu'ils étoient bien embarrassez ; car, me dirent-ils, il ne s'agit point de la necessité qui vous force à rentrer dans ce Port. Si vos besoins sont connus, on ne peut pas vous refuser un azile, mais il s'agit de vous faire un Procès sur les Marchandises que les vôtres ont venducs avant que de partir. Nos Prisons, continuerent-ils, sont pleines de malheureux Marchands qui ont fait le commerce avec vous, & dont on doit confisquer les biens, parce qu'ils ont contrevenu aux Ordres du Roi. Il ne seroit pas juste de punir les uns & d'absoudre les autres, puisque le crime est égal de part & d'autre. Ils ajoûterent que les trois Juges *da Fazienda*, gens avares & interessez, feroient tous leurs efforts pour nous perdre. Que s'ils s'opposoient à leurs desseins, on leur feroit un crime à la Cour de leur indulgence, &c. Je répondis que puisque les Juges *da Fazienda* étoient des gens avares, il ne seroit pas difficile de les gagner, en leur pro-

po-

posant un bon parti ; que les particuliers du Vaisseau auroient soin de faire executer ce que le Capitaine promettroit, ou ce que je promettrois en son nom.

Mes raisons ne persuaderent pas beaucoup ces Messieurs, & le Capitaine avoit agi avec eux d'une maniere si cavaliere, qu'ils s'imaginoient que lorsqu'il cesseroit d'avoir besoin d'eux, il les tromperoit comme la premiere fois ; ainsi la plus grande difficulté consistoit à les persuader que tout ce qu'on promettroit seroit executé fidelement. J'y réussis, & après une heure de conference, ils me promirent qu'ils joindroient leurs voix à celle du Viceroi. Je me trouvai ainsi sûr de quatre voix contre trois ; car, comme je vous l'ai déja dit, le Viceroi en a deux. Je retournai au Palais pour y attendre l'Arrêt qu'on devoit donner en notre faveur. Les trois autres Juges *de la Fazienda* qui ignoroient que j'eusse parlé aux autres, passerent devant moi avec un air grave, fier & menaçant : j'aurois voulu parler à quelqu'un des trois, & l'engager à nous favoriser, en cas que le Viceroi ne voulût point se mêler de notre affaire, & qu'il en laissât la décision aux Juges,

 mais

mais le tems & le lieu ne me le permirent pas. Leur conference dura deux heures. Les Juges sortirent de l'Audience, & je cherchai à lire notre sort dans leurs yeux. Ceux à qui j'avois parlé le matin avoient l'air fort serieux ; & ceux que je craignois le plus paroissoient gais & contens. Je tirai un bon augure de ces remarques si opposées, & je devinai la verité. Les premiers paroissoient serieux pour ne pas donner à connoître qu'ils favorisoient nos desseins, & les derniers affectoient une gayeté qu'ils n'avoient pas, pour me faire croire qu'ils se réjouïssoient de ce que la délibération du Conseil nous avoit été favorable, & qu'ils n'y avoient pas peu contribué. Je n'eus pas le tems de leur parler. Le Viceroi m'appella & me dit que si nos besoins étoient tels que nous les avions exposez, nous n'avions plus rien à craindre ; qu'il falloit seulement observer les mêmes formalitez que nous avions observées lorsque nous arrivâmes la premiere fois ; que les Officiers ne pourroient demeurer à terre de peur qu'ils ne fissent le commerce. (Remarquez, que le Viceroi par bonté feignit d'ignorer que nous avions vendu plusieurs mar-

marchandises pendant notre premier séjour, & cette nouvelle défense n'étoit que pour prévenir ce que les Officiers auroient pû entreprendre). Il ajoûta qu'il permettoit aux passagers du Vaisseau de demeurer à terre. Monsieur Macé qui entra alors m'offrit sa maison de si bonne grace, que je ne pus refuser cette faveur. Je témoignai ma reconnoissance au Viceroi, & j'envoyai un homme au Capitaine pour l'informer de tout ce qui s'étoit passé. Je l'avertis entr'autres choses que le Juge qui devoit faire la visite dans le Vaisseau étoit un homme qui diroit désormais en notre faveur tout ce qu'on exigeroit de lui, pourvû qu'il y trouvât son compte, & qu'ainsi il falloit l'amadouer: que quant aux deux autres dont nous avions tant appréhendé la vengeance, nous n'en avions plus rien à craindre, & que ne nous ayant point fait de mal, parce qu'ils n'avoient pû nous en faire, nous n'étions point obligez de leur faire du bien.

L'*Oidor del Crime*, ou le Lieutenant Criminel me raconta le même jour que le Viceroi, sans parler en notre faveur, avoit paru si bien disposé pour nous, que les autres Juges, après une legere opposition dont ils prévoioient l'inutilité, avoient décidé qu'il falloit nous donner l'azile que nous demandions. Ces Messieurs sans doute ne vouloient pas tout perdre, & ils espererent ou que nous ignorerions leur opposition, ou que nous leur saurions gré d'avoir vaincu leur propre repugnance en notre faveur. Quoiqu'il en soit, nos affaires furent terminées en quatre jours. Le *Desembargador* fit sa visite; on lui fit un present, & tout le monde fut content. Les Charpentiers du Port furent mis en prison pour avoir laissé partir notre Vaisseau dans l'état où il étoit. Cette formalité étoit necessaire pour faire mieux valoir nos besoins. Il arriva depuis que ces mêmes Charpentiers, non seulement protesterent que notre Vaisseau ne valoit rien, mais encore qu'on ne devoit pas souffrir qu'il sortît du Port, vû le mauvais état où il étoit. Le Capitaine qui aimoit plus son Vaisseau qu'un nouveau marié n'aime sa femme, se mocqua de cette protestation, & donna ses ordres pour la carenne. On déchargea le Vaisseau, & on transporta les marchandises dans deux Gallions qui

qui étoient dans le Port. On resolut aussi de doubler le Vaisseau avec des planches de ce bois de Bresil qui est si impénétrable aux vers.

Cependant les frais étoient considerables, & les Ouvriers travailloient peu à cause des Fêtes du Carême.

Le 2. de Mars on fit une Procession solemnelle pour l'ouverture du Carême. Deux cens hommes vêtus de blanc, & le visage voilé, marchoient sans ordre à la tête de la Procession, & se fouettoient les épaules avec tant de force, que leur sang rejaillissoit de tous côtez. Ces Penitens sont des extravagans qui se donnent en spectacle au Public. Avant que de commencer cette ridicule promenade, ils se font déchiqueter les épaules avec des Rasoirs, ou avec des Boules de Cire armées de morceaux de verre, de sorte qu'en se frappant avec une grosse discipline de fil de coton, les playes s'ouvrent & le sang sort en abondance. Ils s'arrêtoient sous le Balcon de leurs Dames, & pour exciter un compassion amoureuse, ils se flagelloien de la belle maniere. Ils affectoient d passer & repasser sous ces Balcons: c'est là la pierre de touche de la plus fine galanterie. Après ces Flagellans venoit une autre eſpece de fous; les uns portoient pluſieurs Epées attachées enſemble en forme de couronne dont ils appuyoient les pointes ſur leurs eſtomacs; les autres traînoient des chaînes fort peſantes & marchoient à reculon, ayant les bras étendus & liez à une piece de bois en forme de croix. Chacun avoit inventé ſa pénitence. Un fantôme qui repreſentoit la Mort, armé d'une Creſſelle, précedoit Adam & Eve, au milieu deſquels étoient l'Arbre & le fruit fatal dont Eve voulut goûter. Les Ordres Religieux ſuivoient, & étoient ſuivis de tous les Confreres du Tiers-Ordre de Saint François, où ſont agrégez preſque tous les Habitans de *San Salvador*. Ils portoient ſur leurs épaules les Images des Saints & Saintes de l'Ordre avec la figure du Seigneur qui porte ſa Croix. Ces Châſſes s'appellent en langue du Pays *Cherolas*. Je ne blâme point ces dévotions, mais je condamne la maniere dont on les pratique. Je blâme l'immodeſtie des Prêtres & des Moines qui, dans une action de pénitence, rient & font des ſignes myſterieux aux Dames qui, dans ces occasions, se parent de leurs plus beaux habits, & se mettent à leurs Balcons. Je blâme l'intention de ces Flagellans, qui font d'une action pieuse une affaire de galanterie.

Tous les Vendredis de Carême on porte ces Châsses, ou *Cherolas* en sept Quartiers de la Ville. Chaque Châsse a sa Confrairie; on chante le *Miserere* en Musique, mais c'est une Musique qui se sent du Terroir. La nuit du Jeudi au Vendredi Saint on fait la même Procession; & ce Jour si saint parmi les Chrétiens, est le Carnaval des Portugais. Toutes les Dames qui s'étoient tenues retirées dans leurs maisons pendant le cours de l'année, & qui n'en étoient pas même sorties pour aller à la Messe, en sortent cette nuit-là parées de tout ce qu'elles ont de plus magnifique, vont à pied d'Eglises en Eglises essuyer tous les quolibets des Cavaliers Portugais. C'est cette nuit où les filles qu'un pere trop severe avoit retenues, perdent ce qu'elles ont projetté de perdre pendant l'année. C'est cette nuit où Messer Cocuage voit avec plaisir augmenter son empire. C'est cette nuit enfin que les Portugais destinent à la celebration de leurs Bacchanales.

Le 12. de Mars, Monsieur le Brigadier Macé m'engagea à aller à la Campagne chez une Dame de ses amies, qui demeuroit dans un Canton de la Baye nommé *Mataripi*. Cette Dame étoit veuve d'un Gouverneur d'une Ville du Bresil. Sa maison étoit située au bord d'une Riviere, & l'on y trouvoit assez d'agrémens pour passer le tems sans ennui. J'allai voir plusieurs Sucreries, & j'y trouvai des Cavaliers Portugais assez amis de la Chasse pour préferer ce divertissement à tous les autres. Outre les Sucreries ordinaires, j'en vis deux où le Sucre se faisoit avec des Moulins à eau. Pendant le séjour que je fis à *Mataripi*, on fit plusieurs Fêtes, des Courses de Taureaux, &c. on representa des Comédies, dont le Sujet étoit la vie du Saint dont on celebroit la Fête.

Quoique ces passe-tems fussent assez médiocres, je les aurois pris encore volontiers quelques jours, mais il fallut partir. Je revins à la Baye où je trouvai le Vaisseau prêt à faire voile. Nous prîmes congé du Viceroi, & des amis que nous nous étions faits pendant notre

séjour

ſejour dans ce Pays,& nous partîmes avec un tems très-favorable. Quatre jours après notre départ nous apperçûmes une voile qui nous fit aſſez de peur pour nous obliger à nous préparer au combat; lorſque tout fut prêt, ce Vaiſſeau que nous prenions pour le Forban qui avoit tant fait de ravage ſur les Côtes du Breſil, changea de route, & nous continuâmes la nôtre. Nous paſſâmes heureuſement la Ligne Equinoxiale, & nous n'y trouvâmes point ces calmes ennuyeux que nous avions eſſuyez dans les paſſages précedens. Remarquez, s'il vous plaît, que c'eſt ici la quatriéme fois que je la paſſe dans le cours de mon voyage. Cette Navigation eſt ſi commune, que je ne vous ferai aucun détail ni de nos routes, ni des vents; je vous dirai ſeulement qu'il nous arriva à la vûe des Iſles *Terceres*, ce qui arrive à preſque tous les Vaiſſeaux qui courent ces Mers. Nous eûmes cent quarante lieues d'erreur de l'Eſt à l'Oueſt, quoique nous euſſions donné chaque jour, en réglant la longitude, un nombre de lieues à l'Oueſt à cauſe des courans. Nous paſſâmes entre *Pico* & l'Iſle *Saint Michel*: nous vîmes ſur ces

Isles de grands feux en divers endroits, & plusieurs petits Bâtimens qui prirent la fuite. Nous fûmes sur nos gardes jusqu'à ce que nous fussions hors de la vûe des *Terceres*, à cause des Ecueils dont ces Isles sont environnées.

Nous trouvâmes deux jours après un Vaisseau Anglois que nous hélâmes, mais qui sans daigner nous répondre, força de voiles pour nous éviter; nous lui donnâmes chasse pendant deux heures, & voyant qu'il étoit impossible de l'atteindre, nous suivimes notre premiere route.

Cependant nous ignorions en quel état étoient les affaires en Europe. On avoit débité au Bresil que l'Espagne faisoit de grands armemens, & il étoit de la prudence de prendre langue avant que d'entrer dans aucun Port. Nos marchandises de la Chine nous fermoient l'entrée de nos Ports : notre voyage au Perou donnoit une espece de droit aux Espagnols de confisquer notre Vaisseau. Tandis que nous raisonnions sur ce qu'il étoit à propos de faire, l'Equipage ouvrit certains paquets de ses Armateurs, & trouva un ordre d'aller à Saintonge, petit Port borgne de la Biscaye: mais les vents n'avoient pas été de leur conseil,

ſeil, ils nous pouſſerent malgré nous au Cap d'Ortegal, & ayant redoublé leur violence, ils nous obligerent d'entrer le trente de Mars dans le Port de *Viveros* ſur la Côte de Gallice. Ce Port n'a aucune fortification, & la nature, ſans le ſecours de l'art, l'a fait tel qu'il eſt. Les Vaiſſeaux y ſont en ſûreté contre les vents, mais non pas l'abri des inſultes des Corſaires d'Alger & de Tunis qui y entrent impunément quand ils croyent y trouver quelque priſe à faire. Ayant vû qu'il étoit mal aiſé que les Eſpagnols nous puſſent faire inſulte, nous reſolûmes de reſter dans ce Port. Nous allâmes à la Ville qui n'eſt éloignée que d'un quart de lieue du Port. Nous y trouvâmes un Vice-Conſul François, qui nous aſſura que nous pouvions attendre ſans crainte d'aucune ſurpriſe de la part des Eſpagnols, le retour du Directeur du Vaiſſeau qui étoit parti deux heures après notre arrivée pour Bayonne, à deſſein de prendre les Ordres des Armateurs qui étoient Négocians de cette Ville. Nous reſtâmes à Viveros pendant un mois. Quelques Gentilshommes Eſpagnols (tous, ſi on les en croit, de la Maiſon de Guſman ou de Mendoça) nous convierent à les aller voir à la Campagne, & nous regalerent souvent d'excellens Saumons. Ce Païs, quoique pauvre par le peu de commerce qu'il y a, ne laisse pas de produire beaucoup de bled & de vin, & les autres choses necessaires à la vie. On y fait fort bonne chere & à grand marché; en un mot il n'y manque qu'un peu de commerce. Les *Galliegos* sont plus laborieux que le reste des Espagnols, & tous les Paysans de cette Povince s'adonnent à l'Agriculture, mais comme leurs denrées n'ont aucun débouchement, ils sont forcez de les consommer dans le Païs.

Il y avoit déja quinze jours que nous étions dans le Port lorsque nous eûmes avis que Monsieur le Marquis de Richebourg Viceroi de Gallice, qui faisoit sa residence à la Corogne à dix lieues de Viveros, tramoit quelque chose contre nous, & on nous assuroit même qu'il vouloit faire descendre les Milices, & arrêter les Officiers du Vaisseau tandis qu'ils restoient à terre. M. de Montagnac Consul de France à la Corogne vint aussi à Viveros, & nous avertit qu'en effet on se doutoit que notre Vaisseau étoit un de ceux qui avoient été au Perou,

rou, & que la Cour de France ayant permis à l'Eſpagne de nous courir ſus, on pourroit ſur ce ſoupçon nous attaquer. Le Capitaine ne ſe le fit pas dire deux fois, il retourna à bord avec tous les Officiers, & n'en ſortit plus. Au reſte il auroit été impoſſible aux Eſpagnols de prendre notre Vaiſſeau dans un Port ſans Canon, ſans aucune Barque ni Fregatte. Cependant le Viceroi s'étoit mis ce deſſein dans la tête, & il ſongeoit à l'executer quand nous eûmes mis à la voile. Il lui auroit été plus aiſé de faire arrêter les Officiers dès le commencement de notre arrivée, & je ne ſai comment il ne l'entreprit point.

Le Directeur arriva de Bayonne au bout d'un mois, & apporta l'ordre d'aller à Gênes. Jamais ordre ne fut plus mal imaginé que celui-là, car porter des ſoyeries en Italie, c'étoit proprement porter de l'eau à la mer. Les Armateurs ayant preſque tous fait banqueroute pendant notre Voyage, avoient cedé à leurs Créanciers l'interêt qu'ils avoient dans le Vaiſſeau. Ceux à qui ce malheur n'étoit pas arrivé, craignant que ces Créanciers ne ſequeſtraſſent tout le Vaiſſeau, crurent ſe mettre à couvert de leur avidité en les dépayſant ; mais le Voyage que le Directeur fit à Bayonne ne put être ſi ſecret que les Créanciers n'en euſſent le vent. Ils ne ſurent pas plûtôt que le Vaiſſeau étoit deſtiné pour Gênes, qu'ils prirent la poſte & arriverent en Italie avant même que le Vaiſſeau y fût arrivé.

Comme je quittai le Vaiſſeau à Viveros, je ne vous parlerai point de ce qui lui arriva ſur la route de Gênes. Je partis pour France où je voulois prendre langue avant que d'aller en Italie ; je traverſai la Gallice, les Aſturies & la Biſcaye, & j'entrai en France par le *Quipuſcoa*. Je ne vous parlerai point non plus de ce qui m'arriva en chemin, vous ſavez peut-être ce que c'eſt que voyager en Eſpagne, je vous avoue que j'aimerois mieux mille fois voyager dans les Montagnes du Perou ; on y trouve plus d'aſſiſtance, & ſi j'oſe le dire, plus d'humanité. Je reſtai trois jours à Bayonne, & ayant enſuite traverſé le Languedoc en poſte, j'arrivai à Marſeille, où je m'embarquai ſur un Vaiſſeau qui faiſoit voile pour Gênes.

Gênes mériteroit bien une Deſcription particuliere, mais après vous avoir

par-

parlé des Antipodes & des Pays lointains, je croirois m'abaisser en vous décrivant une Ville qui est presque sous vos yeux. Je ne sai au reste si elle mérite le titre de superbe par la beauté & la magnificence de ses Palais, ou par le génie de ses Habitans.

Il y a près d'un mois que je suis ici; notre Troupe y est en procès, mais pour les éviter, j'ai pratiqué à la lettre le précepte de l'Evangile, & j'ai abandonné le Manteau à qui me le demandoit. Je n'ai aucun dessein de faire brouiller du papier aux Grapignans de Gênes. Quand j'aurai fini mes affaires, peut-être retournerai-je en France, peut-être aussi resterai-je en Italie quelques années. La fortune que j'ai été chercher si loin, & que je n'ai pas trouvée, est peut-être ici cachée, & m'attend; que sai-je? si je fais quelque sejour dans ce Pays, je vous informerai de ce qui me paroîtra le plus digne de votre curiosité.

Ce terme de *Curiosité* me fait souvenir de trois Articles d'une de vos Lettres que j'ai trouvé ici, ausquels je suis bien aise de répondre avant que de finir celle-ci. Vous me demandez ſi ma curioſité & ma *demangeaiſon de voyager* eſt ſatisfaite, d'un ton à me faire croire que vous la déſaprouvez. Il m'a ſemblé même entrevoir quelques railleries que je ne vous pardonnerois pas ſi vous étiez moins de mes amis. A vous entendre, Monſieur, il vaut mieux reſter toute ſa vie envelopé dans les langes de ſon Berceau, que d'aller lutter contre la mer & les vents. Votre indolence vous fait regarder la Navigation comme une entrepriſe témeraire. Vous fremiſſez à l'aſpect des dangers auſquels les hommes ſont expoſez ſur un élement qui leur eſt étranger, & vous concluez qu'il faut avoir un cœur de bronze pour oſer braver le caprice des vents, & s'aſſujettir à la fureur des flots. Vous oſez même me reprocher ſur quelques plaintes que mon impatience m'a arrachées dans mes Lettres précedentes, que je me ſuis repenti plus d'une fois, & que je me repens encore d'avoir été courir ſi loin. Ne ſavez-vous pas qu'on éprouve des tentations dans chaque vocation, & qu'il n'y en a aucune qui en ſoit exemte? Vous concluez de ces plaintes, qu'il faut être fol

pour

pour naviguer. Ce titre de *fol* me choque, & pour me vanger, il me vient en pensée de vous prouver qu'il n'y a rien de plus beau, de plus utile que de voyager, & que rien n'est plus louable que cette curiosité qui nous arrache à notre Patrie, & qui nous conduit plus loin même que notre imagination. Quel triomphe pour moi si des Rives de la Seine je vous transportois à celles du Gange !

Vous ne pouvez pas disconvenir, Monsieur, que la speculation n'instruit jamais autant que la pratique, & qu'il y a bien de la difference entre les choses qu'on connoît par soi-même & celles qu'on ne voit que par les yeux d'autrui. Esclaves de nos propres préjugez, ou de ceux des autres, nous ne voyons, pour ainsi dire, que par emprunt, & ce n'est qu'avec une timidité scrupuleuse que nous secouons le joug des opinions que nous avons succées avec le lait. Nous ne savons le plus souvent que ce que nous avons ouï dire, & vous conviendrez que l'ambition d'un homme un peu raisonnable doit aller au delà.

Si réunis sous un même climat, tous les hommes se ressembloient, si la face

de

de la terre étoit partout la même, si l'Univers entier étoit gouverné par des Loix & des Maximes égales & immuables, si les productions de la Nature n'étoient point variées dans toutes les Parties du Monde, en un mot si les mœurs & les coûtumes des hommes étoient les mêmes en Asie & en Europe, j'approuverois cette indifference qui empêche la plûpart des hommes d'abandonner le sein de leur Patrie, puisqu'ils pourroient voir, comme dans un miroir, le Monde entier dans sa moindre Partie Mais la Providence en a disposé autrement, elle a voulu unir tous les Peuples de l'Univers par des besoins réciproques. La terre fertile sous un climat est sterile sous un autre, afin que par un commerce mutuel ils puissent serrer plus étroitement les nœuds de la societé civile. J'ajoûterai que rien à mon avis ne seroit plus insipide que cette uniformité generale, & que le spectacle du monde seroit bien triste, bien ennuyeux si on le voyoit toûjours du même côté. La nature qui par toute la terre varie ses Ouvrages, fait éclater la même diversité dans les temperamens. Elle donne aux hommes des penchans differens, & il est rare de trouver

ver une perſonne qui ait une indifferen-ce generale pour tous les emplois ordi-naires de la vie civile. Celui que ſon penchant porte à voyager, après avoir étudié les Loix de ſon Pays, va s'ins-truire de celles des autres Peuples, & ſe fait un plaiſir ſecret de faire part de ſes découvertes à ſes Concitoyens. Vous me direz peut-être qu'il y a des gens qui voyagent plûtôt par caprice que par cu-rioſité; qu'il y en a d'autres qui par un penchant qu'ils ne peuvent corriger, ſont pareſſeux & indolens, & qui ne profitent point de ce qu'ils voyent & de ce qu'ils entendent; c'eſt de ceux-là qu'on peut dire,

> Cœlum, non animum mutant, qui trans
> Mare currunt.

Mais les exceptions de la regle que j'établis ne la détruiſent point. Je ne veux point juſtifier l'utilité des Voyages par l'exemple de ces Sages de la Grece, qui dans un ſiécle où la Navigation étoit ſujette à de plus grands périls, par le peu d'experience & de pratique que les Pilotes avoient en cet Art, entrepre-noient de longs Voyages pour conſulter des

des Philosophes étrangers sur la définition de la Sagesse, peut-être aussi pour leur livrer une espece de combat d'esprit, dont la Posterité put être instruite. L'amour de la nouveauté que la Nature a imprimé dans nos cœurs, ce desir de savoir que cette sage & prudente mere nous inspire, nous fait étudier ce que nous ignorons ; mais l'expérience nous instruit plus que les leçons des plus grands Maîtres. Les Sansons, les Delisle, tous ces Geographes fameux ne savent que ce qu'il a plû aux Voyageurs de leur faire savoir. Si le Voyageur s'est trompé, le Geographe est dans l' rreur. Combien leur Science seroit-elle plus sûre & plus parfaite, s'ils avoient joint l'experience aux lumieres acquises, & s'ils avoient mesuré la Terre avec les yeux comme ils l'ont mesurée avec le Compas sur les Plans qu'on leur a fournis.

L'homme en quittant sa Patrie fortifie ses talens, corrige ses deffauts, de même qu'un arbre produit des fruits parfaits lorsqu'il a été transplanté dans une terre étrangere. On voit toûjours dans sa Patrie les mêmes objets : tout y est borné, soit du côté de l'esprit, soit dans la maniere de penser. On y prend des pré-

préjugez que l'Aſtre dominant de la Na-
ion nourrit & entretient, & dont on ne
ſe défait que par les connoiſſances qu'on
acquiert dans les Voyages. Il faut ſe
dépouiller de cet amour naturel de la
Patrie, & on doit voyager dans les Pays
étrangers, comme ſi l'on étoit banni du
ſien. *Le Sage*, dit * Salomon, *paſſera
chez les Nations étrangeres, & il éprou-
vera le bien & le mal.*

Concluons. Il n'y a perſonne qui ne
ſoit convaincu de l'utilité des Voyages,
& qui ne bravât même la mer ſi les dangers y étoient moins frequents : mais tant
de riſques, me direz-vous, dont le ſeul
recit m'a fait trembler, abattent le courage, & font évanouïr les plus belles re-
ſolutions. L'imagination ne préſente à
l'eſprit que des travaux ſans nombre,
une diette involontaire, un ſommeil in-
terrompu, des tempêtes, des écueils,
&c. à peine penſe-t-on le jour à la mer
& à la Navigation, qu'on ſe noye la nuit
ſuivante en ſonge. Mais, dites-moi,
Monſieur, quel eſt l'état de la vie qui
ſoit ſans dangers, & où la conſtance ne
ſoit pas neceſſaire ? Les préjugez déci-
dent

* Eccleſ. Chap. 39.

dent de notre courage & de nos résolutions. Un homme né au milieu de Paris, dont les plus longues Navigations sont de Paris à S. Clou, tremble sur la Seine, qui ne trembleroit pas au milieu de l'Ocean, s'il étoit né sur ses bords.

Je ne conseille point à ces naturels timides d'entreprendre de longs Voyages. Mais j'ose exiger d'eux (& je l'exige de vous) qu'ils écoutassent attentivement le détail qu'on leur fait des raretez, & des Coûtumes des Pays qu'ils n'ont pas le courage d'aller voir eux-mêmes. Rien n'est plus ordinaire que de voir ces indolens s'ériger en Censeurs, ils blâment tout ce qu'ils ne connoissent point, & ce qui est au dessus de leur Sphere, & ils vérifient ce que dit l'Arioste.

Chi va lontan da la sua Patria, vede
Cose, da quel che già credea lontane,
Che narrandole poi non se gli crede,
E stimato bugiardo ne rimane,
Ch'el volgo sciocco non li vuol dar fede
Se non le vede, e tocca chiare e piane.

Si ce qu'on écrit, ou ce qu'on vous raconte est veritable, pourquoi refusez-

vous

vous de le croire? Et si on vous débite des Fables, comment prouverez-vous que ce sont des Fables? Ne courez point les Mers, j'y consens, mais ne blâmez pas ceux qui, aux dépens de leur vie, vont acquerir des connoissances dont vous devez tâcher de profiter.

Pour vous, Monsieur, je ne crois pas que vous veuilliez vous confondre avec le *Vulgo sciocco* dont parle l'Arioste. Je vous ai écrit d'une maniere trop simple pour que vous me puissiez accuser d'avoir voulu vous en imposer.

Ma curiosité n'est point encore satisfaite, elle n'a fait que changer d'objet; si je me repose quelque tems d'un si long Voyage, je n'abandonne point le dessein d'en faire quelqu'autre quand l'occasion s'en présentera. Suivez mon exemple, Monsieur, & soyez persuadé que la Navigation a ses délices malgré les fatigues qui y sont attachées. Je me suis plaint quelquefois, il est vrai, de la fortune & de l'ambition; mais l'homme seul parloit alors. Je n'envisageois dans ces momens que la peine, sans reflechir aux avantages, & maintenant que, graces au Ciel, je me trouve dans le Port, je me retracte de toutes mes impatiences,

&

& de mes murmures. Ne me raillez donc plus, Monſieur, ſur ma curioſité, & ſouvenez-vous que le *Meminiſſe juvabit* a des charmes inconcevables pour tous les Voyageurs. Je ſuis, &c.

Fin du III & dernier Volume.

TABLE

TABLE DES MATIERES

Du troisiéme Volume.

A

ARAIGNE'ES, 104. de l'Isle Mascarin, n'ont point de Venin, 104
'Aynam, Isle distante de cinq lieuës d'Emouy, 6

B

BANCA, Isle, 19
Barques Cochinchinoises, leurs Descriptions, 6

C

COULEUVRES des Rivieres de la Cochinchine, 7

D

DESCRIPTION d'une Tempête, 74. & suiv.
Description d'un Village de l'Isle de Java, 59. & suiv.
Description de la Ville de San-Salvador, 129. ses Bâtimens, 131. ses Eglises, 132. son gouvernement, 133. ses differens Conseils, *ibid.* son Commerce, 134

Description du Bresil, 134. mœurs de ses Habitans, 137. *& suiv.* leurs devotions & leurs galanteries, 139. 140. desordres des gens d'Eglise, 146. & des Religieuses, 149. recit d'une avanture à ce sujet, 151

J

JAVA, Isle, 45. Description d'une partie de cette Isle, 50. mœurs de ses Habitans, 51. abondante en Tourterelles de differentes couleurs, 54. & autres animaux, *ibid.*

L

LEZARDS de l'Isle de Java, singularité de cet animal, 54

M

MASCARIN, Isle, sa Description, 84. mœurs de ses Habitans, 88. fertilité de son Terroir, 92. *& suiv.* son Commerce, 98. ses fruits & ses bestiaux, 102. *& suiv.*
Mœurs des Indiens de l'Isle de Java, 44. *& suiv.*

O

OEIL de Bœuf, ce que c'est, 80

P

PARACEL, ce que c'est, 6
Pulo-Canton, Isles, signification du mot *Pulo*. 8
Pulo-Capas, autre Isle, 14.
Pulo-Condor, Isle, 13.
Pulo-Timon, 15.

R

REVOLTE de l'Equipage du Vaisseau, où l'Auteur se trouve, 123. les auteurs sont arrêtez & punis, 126

S

SAN GONZALES d'AMARANTE, 156. recit de ce qui se passa à sa fête, 156. *& suiv.*
San Salvador, Ville du Bresil, 112. 129
Sembargador, Juge Portugais, 116
Sumatra, Isle, 28. sa Description, 29. l'Auteur traite avec le Gouverneur de l'Isle, 31

T

TORTUES de mer, ses qualitez, 56

Fin de la Table du dernier Volume.

CATALOGUE
DES
LIVRES NOUVEAUX,
qui se trouvent à Amsterdam
Chez PIERRE MORTIER.

ATlas de Jaillot fol. 2 voll.
—— de de Wit fol. 2 voll.
—— Antique par le Clerc fol.
—— de Sanson 3 voll.
—— Historique fol. 7. voll.
Academie des Jeux 12.
Annales de la Monarchie Françoise, depuis son Origine jusqu'à Louïs XV. par De Limiers, fol. avec beaucoup de figures
—— Galantes de la Grece, par Mad. de Villedieu, 12.
l'Antiquité expliquée & representée en figures, par le Pere Montfaucon, fol. avec le Suplément 15 voll. grand papier, avec grand nombre de belles figures par les plus habiles Maîtres. Paris 1722.
Amours des Dames Illustres de la France, 12. fig.
—— des Gaules, par Bussi Rabutin, 12.
—— Pastorales de Daphnis & Chloé, 12. fig.
—— de Catulle & de Tibulle, par la Chapelle, 12. 5 vol.
—— de Lyzandre & de Caliste, 12.
—— d'Abelard & d'Eloise, 12.
—— —— de même en Vers Burlesques, 12.
—— de Sapho de Mitylene, 12.
—— des Grands Hommes, par Villedieu, 12.

—— Libres

—— Libres des deux Freres, 12.
—— de Psyché & de Cupidon, 12.
—— de Theagene & de Cariclée, 12.
Amusemens de la Campagne, ou le desi spirituel, 12.
—— Serieux & Comiques, 12.
Alcoran de Mahomet, par du Ryer, 8.
Art de ne point s'ennuier, 12.
—— de Plumer la Poule sans la faire crier, 12.
—— de parler François, par des Touches, 12. 2 vol.
—— de Tourner fol.
—— de bâtir les Vaisseaux, 4 avec beaucoup de Figures.
—— de la Guerre par le Marquis de Quincy 12.
Avantures de Telemaque, par Fenelon, 12 fig.
—— de Henriette Sylvie de Moliere, 12.
—— & Voyages des trois Princes de Sarendip, 12.
—— d'Apollonius de Tyr, ou l'heureuse Inconstance, 8.
—— de Donna Rufine fameuse Courtisane, 12. fig.
—— du Voyageur Aërien, 12.
—— de Don Antonio de Bufalis, 12. fig.
—— de Gilblas de Santillane, par le Sage, 12. 3 vol. fig.
—— de Robinson Crusoe, 12. 3 vol. fig.
—— d'Abdalla, 2 vol. fig.
Apparence Trompeuse, ou ne pas croire ce qu'on voit. Histoire Espagnole 12
Anecdotes secrettes de la Cour Ottomane, 12. 4 vol.
—— Persannes, par Mad. de Gomes, 12. 2 vol.
Ariane de Desmarets, 12. 3 vol. fig.
Ambassadeur & ses Fonctions, par Wicquefort, 4. 2 vol.

Architecture de Seb Le Clerc, 4. 2 vol. avec fig.
——— de le Pautre fol.
——— par du Bosse fol.
——— de Cerceau fol.
——— de Palladio fol.
——— de la Maison de Ville d'Amsterdam fol.
Abregé de l'Histoire de France par le Pere Daniel, 4. 6 vol. Papier Royal. Ce Livre est imprimé pour l'usage de Loüis XV.
——— de l'histoire de France par Mezeray 12, 9 vol. Compl.

B

Battailles du Prince Eugene fol.
Babillard ou le Nouvelliste Philosophe, par Steele, 12.
la Bagatelle ou Discours Ironiques, 8. 3 vol.
Barbeyrac, Traité de la Morale des Peres de l'Eglise contre l'Apologie du P. Ceillier. 4.
Bible (la Sainte) avec les Remarques, Reflexions & Notes, par Mr. Martin, fol. avec fig. & Cartes. Grand Papier
——— avec les Argumens & Reflexions sur chaque Chapitre, par Mr. Ostervald, fol.
——— Allemande, in 8. fig.
Bibliotheque des Dames, contenant des regles générales, pour leur conduite, par Mr. Steele, 12. 3 vol. 1727.
——— des Philosophes & Savans, par Gautier, 8. 2 vol.
——— des Gens de Cour, contenant un Recueil des Bons mots, &c. 12. 5 vol.
Bouffon de la Cour, 12
Bibliotheque Critique du P. Simon, 2 vol.
——— Historique de la France fol. 2 vol.
——— des Predicateurs fol. 3 voll.

Cabinet

C

CAbinet des Fées, 8. 8 vol. fig.
Caracteres de Theophraste, ou les Caracteres & Mœurs du Siecle, 12. 3 vol.
——— & Maximes de la Rochefoucault, 12.
Comedies de Terence, trad. par Mad. Dacier, 12. 3 vol. avec fig.
Casimir Roi de Pologne, 12.
Captifs, Comedie de Plaute traduite en François avec des Remarques par M. Coste, 8.
Comtesse de Vergi, 12.
Comte de Soissons, 12.
——— d'Essex, 12.
——— d'Ulfeld, 12.
Corps Diplomatique fol. 8 voll.
Chillingworth, ses Oeuvres traduites de l'Anglois avec sa Vie, par Mr. Des Maizeaux, & les Opuscules de Hales. *Sous presse.*
Choix de Bons Mots, 12.
Cuisinier François, 12. fig.
Confiturier François, 12. fig.
Q. Curce, ou l'Histoire d'Alexandre le Grand, trad. par Vaugelas, 8. 2 vol.
Commentaire sur l'Analyse des Infiniment petits, par Crousaz, 4. fig.
Contes à Rire, ou Recreations Françoises, 8. 2 vol. avec fig.
——— du Tonneau du fameux Dr. Swift 12 2 voll.
——— de Marguerite de Valois 8. 2 voll.
——— de la Fontaine, 8 fig.
——— & Nouvelles de Boccace, 8. 2 vol. fig.
Consolations contre les Frayeurs de la Mort, par Drelincourt, 8. 2 vol.
Curiositez de Paris 12. 2 voll.
Comedies de Plaute par Gueudeville, 10 voll, 12.

D

DAnube, par le Comte Marsilli, plano 6 voll.

Dictionaire Historique, où Mélange curieux de l'Histoire Sacrée & Profane, par Moreri, avec le Suplement, fol. 6 tom. 4 vol.

——— Universel des Mots François, par Furetiere, fol. Nouvelle Edition revuë, corrigée & augmentée considerablement par Mr. de la Riviere. 4 vol.

——— ——— de l'Academie Françoise, fol. 2 vol.

——— de la Marine, 4. fig.

——— Anglois-François, & François Anglois, par Boyer, 4. 2 vol.

——— Allemand-François, & François-Allemand, par Rondeau, 4. 2 vol.

——— Latin-François, & François-Latin, par Tachard, 4. 2 vol.

——— idem, par Danet, 4. 2 vol.

——— de Baudrand. fol. 2 voll.

——— de Veneroni 4. Nouv. Edit.

——— de Corneille fol.

——— de Richelet fol. 2 voll.

——— de l'Ecriture Sainte par Huré fol. 2 voll.

——— Mathematique d'Ozanam 4.

——— du bon Menager par Liger 4.

Dictionaire Universel des Drogues, par Lemery, 4 fig.

Droit de la Guerre & de la Paix de H. Grotius, trad. avec les Notes de Mr. Barbeyrac, 4. 2 vol.

Delices de la Grande Bretagne, 8. 8 vol. avec beaucoup de belles figures.

——— des XVII. Provinces des Païs Bas, 8. 4 vol. avec fig.

——— de la Hollande, 12 2 vol. fig.

Description du Royaume de France, par Piganiol de la Force, 12. 6 vol. fig.

——— de l'Isle des Hermaphrodites, 8.

Desespoir Amoureux, ou les nouvelles Visions de Don Quixotte, 12.

Devoirs de l'Homme & du Citoyen, par Puffendorf, avec les Notes de Mr. Barbeyrac, 4. Ed. 8. 2 vol.

Diable Boiteux, par Mr. le Sage, 12. 2 vol. avec fig. nouvelle Edition, augmentée d'un volume.

Dialogues des Morts, par Fenelon, 8. 2 vol.

Discours sur l'Histoire Universelle, par Bossuet, 12. 3 vol.

Divertissements de Seaux 12.

Discours Historiques sur le V. & le N. Testament par Mr. Saurin 8. 2 voll.

E

EMblemes d'amour 8.

Ecole du Monde ou Entretiens d'un Pere avec son Fils, par Le Noble, 12. 6 vol.

——— des Amans, 12.

Entretiens d'une Ame Devote, avec son Dieu, 12.

——— des Voyageurs sur Mer, 12. 4 vol. fig.

Education des Enfans, par M. Locke, traduit de l'Anglois par M. Coste. 8. 3. Edit.

——— par Mr. Crousaz, 12. 2 voll.

Eloge de la Folie d'Erasme, par Gueudeville, 12. avec fig.

——— des Hommes Savans, par Teissier. 4 vol.

Edele de Ponthieu, Nouvelle Historique, 12.

Espion Turc dans les Cours des Princes Chrétiens, 12. 6 vol. fig.

Etat présent d'Espagne, par l'Abbé de Vayrac, 12. 3 vol. fig.

——— de la Suéde, par Robinson, 8.

——— de Moscovie, 12.

Essais de Michel Seigneur de Montaigne, avec les Notes de Mr. Coste, 12. 5 vol.

Excellence des Hommes, 12.

Eclairciſſemens ſur l'Analyſe des Infinimens Petits du Marquis d'Hoſpital, par Varignon, 4 fig.
Exiſtence de Dieu, par Clark. 8. ſec. Edit. 3 vol.
Elemens de Mathematiques, par Preſtet, 4. 2 vol.
Ebauche de la Religion Naturelle, par Wollaston, 4
l'Exiſtence de Dieu, demontrée par les Merveilles de la Nature, par Nieuwentyd, 4 fig.
Eſprit de Mr. Arnauld, 12. 2 vol.

F.

FAbles de Mr. de la Fontaine, 12.
— Heroïques, 8. 2 vol. fig.
— de Mr. de la Motte, dediées au Roi, avec les belles figures de Coypel, 4.
Faveurs & Diſgraces des Amans, ou les Amans heureux, malheureux & trompez, 12. 3 vol. fig.
Femmes des XII. Ceſars contenant leurs Intrigues, &c. par Mr. de Servies, 12. 3 vol.
— Savantes, 12.
Flandre Galante, 12.
France Galante contenant les Hiſtoires amoureuſes de la Cour de France, 12. fig.
Freeholder, ou l'Anglois Jaloux de ſa Liberté, 12.
Fonctions des Officiers, 12. avec fig.
Fortifications de Mr. Hartman, 8. fig.
— de Goldman fol.
— d'Ozanam 8.
— de Coehoorn 8.

G.

GAge Touché contenant des Hiſtoriettes Galantes & Comiques, 12. fig. 2 vol.
Le Gentil, Nouveau Voyage autour du Monde en

enrichi de Cartes & de Figures. 3 vol. 12.

Geometrie des Lignes, par Crousaz, 12. 2 vol. fig.

— Pratique de Clermont, 4. fig.

Geographie Universelle de l'Univers, par Noblot, 12. 6 vol. fig.

— Pratique de Chamereau, 4. fig.

Grandeur & Excellence des Femmes, 12.

Geometrie Pratique de Malet, 8. 4 vol. avec plus de 500 figures.

Geographie de Buffier 12.

Guide des Negotiants 8.

Grammaire de Miege 8.

— de Sobrino 8.

H.

Histoire des Empereurs par Tillemont 12. 5 vol.

— Generale d'Espagne depuis l'Etablissement de la Monarchie jusqu'à present, par Mariana, 4. 5 vol. fig.

— de la Comtesse de Strasbourg, 12.

— Tragiques & Galantes, 12.

— de France sous le Regne de Louïs XIV. par Mr. de Larrei, 8. 9 vol.

— des Chevaliers & Ordres Militaires, 8. 4 vol. avec figures.

— du Commerce & de la Navigation des Anciens, par Huet, 8.

— d'Herodote traduit par Duryer, 12. 3 vol.

— de l'Empire, par Heis, 12. 5 vol.

— Comique de Francion, 12. 3 vol.

— des Juifs, par Joseph, 12. 5 vol.

— & Memoires de l'Academie Royale des Inscriptions & des Belles Lettres, 12. 8. vol. fig.

— de la Conquête du Perou, 12. 2 vol. fig.

— de l'Isle de Ceylan, 12. fig.

Histoire des personnes qui ont vécu plusieurs siecles, 12.
— des Diables de Loudun, 12.
— Poëtique de Gautruche, 12.
— de toutes les Religions du Monde, par Jovet, 12. 6 vol.
— Profane, par Du Pin, 12. 6 vol.
— du Cardinal Mazarin, par Aubery, 12. 3 vol.
— du Pape Sixte V., par Leti, 12. 2 vol.
— des ordres Monastiques & Religieux, 5 vol.
— Ecclesiastique par Fleury 4. 20 vol. Paris.
— le même 12 20 vol.
— d'Angleterre par Burnet 12.
— — par Larrey fol. 4 vol.
— — par Rapin Thoyras. 4. 10 voll.
Histoire des Revolutions arrivées dans la Republique Romaine, par l'Abbé Vertot, 12. 3 vol.
— — — de Portugal, par le même, 12.
— — — de Suede, par le même, 12.
— — — d'Angleterre, par le Pere d'Orleans, 12. 3 vol. fig.
— d'Hippolyte, Comte de Douglas, 12.
— du Monde, par Chevreau, 12. 8 vol.
— du Docteur Fauste, 12.
— du Grand Genghiskan, conquerant d'Asie, 12.
— Abregée de la Moscovie, 12.
— de la Bastille, par Reneville, 12. 5 vol. avec fig.
— de la Dragone, 12.
— des Troubles d'Hongrie, 12. 2 vol.
— de Jean de Bourbon Prince de Carency, 12. 2 vol.
— des Pirates Anglois, 12.
— du Royaume & de la Ville d'Alger, 12. fig.
— d'Amenophis Prince de Libye, 12.
— Secrette des Femmes Galantes de l'Antiquité, 12. 3 vol.
— des Chevaliers de Malthe, par l'Abbé Vertot,

tot, 4 4 vol. avec tous les Portraits des Grands Maîtres.

—— Le même Livre en 5 vol. in 12.

Histoire des Avantures de Donquixotte de la Manche, 12. 8 vol. fig. Paris.

—— de Timurbec connu sous le nom de Grand Tamerlan, 12. 4 vol.

—— Physique de la Mer par Marsilli fol.

—— des Eglises des Reformés par Basnage 8. 5 vol.

—— de Charles XII. Roi de Suede, par Mr. de Limiers, 12. 6 vol. fig.

—— de la Conquête de Grenade, par Mad. de Gomez, 12.

—— de Louïs XIII. par Du Pin, 12. 9 vol.

—— Naturelle & Politique du Royaume de Siam, 4

—— du Vieux & Nouveau Testament, par Martin, 4. avec figures.

—— de France, par le Gendre, fol. 2 vol.

—— de l'Eglise & de l'Empire, par le Sueur, avec la continuation de Pictet, 4. 8 vol.

—— Generale des Turcs, fol. 2 vol.

—— des Païs-Bas, par Meteren, fol. 3 vol. en Allemand.

—— de Thucydide, 12. 3 vol.

—— du Concile de Pise, par Lenfant, 4. fig.

—— —— de Constance, par le même, 4. 2 vol. nouv. Ed.

—— de la Milice Françoise, par le Pere Daniel, 4. 2 vol. fig.

—— des Traitez de Paix, fol. 2 vol.

Huetiana, ou Pensées diverses de Mr. Huet, 12.

l'Homme Universel de B. Gratian, 12.

—— détrompé, ou le Criticon de B. Gratian, 12. 3 vol.

Heroine Mousquetaire, 12. fig.

Hommes illustres par Perrault fol.

Horace de Tarteron avec les Remarques de Mr. Coste. 12. 2 vol.

Les Hommes 12.

I

JOurnal & Observations Curieuses & Physiques du Pere Feuillée, 4. fig. 2 vol.

Jardinier Solitaire, 12.

Jesuites & Moines en belle humeur, 12.

Jaqueline de Baviere, 12.

Illustre Mousquetaire, 12.

— Françoises, Histoires Comiques & Galantes, 12. 3 vol.

Iliade & Odyssée d'Homere, par Mad. Dacier, 12. 6 vol. avec fig.

Introduction à l'Histoire de l'Univers, par Puffendorff, 12. 6 vol.

Journées Amusantes, par Mad. de Gomez, 12. 4 vol. figures.

Imposteurs insignes, 12. fig.

Jaloux (le) par force. 12.

Intrigues Amoureuses de la Cour de France, 12.

Instructions pour les Jardins, par Quintinie, 4. avec fig.

Jugemens des Savans par Baillet avec les Remarques de Mr. de la Monnoye. 4. 8 vol.

— le même 12. 17 vol.

Juvenal de Tarteron 12.

L

LA Langue, 8. 2 vol.

Logique de Mr. Crousaz, 12. 4 vol.

Loix & Coûtumes du Change, 4.

Lettres du Comte de Bussi Rabutin, 12. 5 vol.

— & Oeuvres de Voiture, 12. 2 vol.

Lettres sur divers sujets par Richelet, 12. 2 vol.
— d'Amour d'une Religieuse Portugaise 12.
— de Boursault, 12. 3 vol.
— de Mrs. de l'Academie, 8.
— sur divers sujets par Milleran, 8.
— Gallantes de Mad. du Noyer, 12. 5 vol.
— de Cyrille Lucar 4.
— de Louïs XII. 8. 4 vol.
— de Rabelais 8.
— d'Ossat 12. 5 vol.
— Choisies de Simon 12. Nouv. Edition 4 vol. *Sous presse.*
— de Patin 12. 3 vol.
— Persannes, 12. 2 vol.
— de Pline le Jeune, 12. 3 vol.
— sur les Anglois & les François & sur les Voyages 12.
— & Oeuvres Gallantes, 12.
— & Poesies diverses, 12. 2 vol.
— diverses de Mr. Tyssot de Patot, 12. 2 vol.
— de Mad. de Sevigni, 12. 2 vol.
— & Oeuvres de Vargas, 8.
— de Descartes, 4. 3 vol.
— de Vaumoriere 12. 2 vol.
— de Richelet 12. 2 vol.
Locke, Essai Philosophique de l'Entendement Humain, Nouv. Ed. revuë & corrigée par M. Coste. 4. *Sous presse.*

M

MAximes avec des Exemples pour Louïs XV. 12.
Maniere pour étudier les Belles Lettres, par raport au Cœur & à l'Esprit, par Rollin. 2 vol. 12.
— — de Batir par Muet fol.
Memoires du Czar. 12. 4 vol.
— — de la Czarienne 12.

Mena-

Menagiana ou Pensées diverses de Mr. Menage, 4 vol. 12.
le Mentor Moderne, par Steel & Addisson, 12. 2 vol.
Metamorphoses d'Ovide par Bellegarde, 12. 2 vol. fig.
Methode pour étudier la Geographie, par Lenglet de Fresnoy, 12. 4 vol. fig.
Misantrope par Mr. van Effen., 12. 2 vol.
Mille & un jour, 12. 5 vol.
— — Quart d'heure, 12. 2 vol.
Memoires pour servir à l'Histoire du XVIII. siecle par Lamberti, 4. 4 vol.
— d'Etat par Mr. de Sully, 12. 12 vol.
— — par Mr. de Villeroy, 12. 7 vol.
— de la Cour d'Espagne par Mad. d'Aunoy, 12. 2 vol.
— du Marquis & de la Marquise du Fresne, 12. 2 vol. fig.
— de Bassompiere 12. 2 vol.
— de Walsingham. 12. 4 vol.
— de la Chine 12. 2 vol.
— du Cardinal de Retz & de Joly, 8. 6 vol.
— pour servir à l'Histoire de Pierre Le Grand, 12. 4 vol.
— de Mad. de Motteville pour servir à l'Histoire d'Anne d'Autriche Epouse de Louis XIII. 12. 5 vol.
— Historiques, Politiques & Critiques d'Amelot de la Houssaye, 12. 2 vol.
— & Négociations secrettes de Mr. de La Torre, 8. 5 vol.
— de Jean Ker, 8. 3 vol.
— du Cardinal Bentivoglio, 12. 2 vol.
— du Comte de Boulainvilliers, 8. 2 vol.
— de Monglat contenant des Anecdotes curieuses des regnes de Louis XIII. & XIV. 12. 4 vol.

Me-

Memoires sur le Commerce des Hollandois, 8.
—— de Montchal, 12. 2 vol.
—— de l'Abbé de Choisy, pour servir à l'Histoire de Louïs XIV. 12.
—— du Comte de Vordac, 12. 2 vol.
—— de Montecuculi, 12.
—— de Bussy Rabutin, 12. 3 vol.
Mœurs des Sauvages Americains; par le Pere Lafiteau, 4. 2 vol. avec de belles fig.
Methode pour mesurer les surfaces 4.
—— pour apprendre l'Histoire Romaine 8

N

NOuveau Cours de Mathematique, appliqué à l'usage de la Guerre, par Bellidor, 4. avec figures.
Nouvelle Mecanique ou Statique, par Varignon, 4. 2 vol. fig.
Negoce d'Amsterdam, par Ricard, 4.
Nouvelles de Michel de Cervantes, 12. 2 vol.
Nouveau Miroir de la Fortune, 12
—— Recueil de Chansons, 12. 3 vol.
Negociations secrettes de la Paix de Munster & d'Osnabrug, fol. 4 vol.
Nouveau Testament & Pseaumes en Allemand.

O

ODes de la Motte 8. 2 vol.
Observations & maximes Criminelles par Bruneau 4. 2 vol.
Oeuvres diverses de Mr. de Fontenelle, 12. 3 vol.
—— de Boileau Despreaux, fol. avec les belles figures de B. Picart.
—— —— idem en 2 vol. in 4.
—— —— idem en 4 vol. in 12.

Oeu-

Oeuvres d'Horace, par Dacier, 12. 10 vol.
— de Rabelais, 8. 5 vol.
— de Moliere, 12. 4 vol.
— de Dancourt, 12. 8 vol.
— de Thomas & Pierre Corneille, 12. 10 vol.
— de Crebillon, 12.
— de Racine, 12. 2 vol.
— de Mr. le Pais, 12. 2 vol.
— de Pasquier, contenant les Recherches de France, fol. 2 vol.
— de Regnard, 12. 2 vol.
— de Mad. de Rochegullein, 12.
— de Mr. Le Noble, contenant ses Poesies, Historiettes, & autres Traitez, 12. 19 vol.
— de Mad. de Villedieu, contenant plusieurs Historiettes Galantes & Tragiques, 12. 12 vol.
— (Nouvelles) de l'Abbé de Maucroix, 12.
— de Bayle fol. 4 vol.
— de Saint Evremond 12 7 vol.
— de Rapin 12. 3 vol.
— de Boursault 12. 2 vol.
— de Palaprat 12. 2 vol.
— diverses de Mr. de Segrais, 8. 2 vol.
— de Mr. de Tourreil de l'Academie Françoise; 4. 2 vol.
— de Corneille Agrippa, 12. 3 vol.
— diverses de Bellegarde, 12. 10 vol.
— Poëtiques de Tyssot de Patot, 12. 3 vol.
— de Plaute, par de Limiers, Lat. Fr. 12. 10 vol. fig.
— de Cordemoy, de l'Academie Françoise, 4.
— de Physique & Mecanique, par Mrs. Perrault, 4. 2 vol. fig.
— de Virgile, par Catrou, 12. 6 vol.
— Philosophiques & Theologiques de Böhm, 6 vol. en Allemand, Livre curieux.

Ora-

Oracles des Sybilles 12.
- - - divertiſſans 12.
Ordonnances, Statuts, ſtile & maniere de Proceder 4.

P

PAſſe-par-tout de l'Egliſe Romaine, 12. 3 vol.
——— —— Galant, 12.
Penſées libres ſur la Religion, 8. 2 vol.
Poëſies diverſes du Pere Du Cerceau, 8.
Promenades de Clairenville, 12.
Parfait Négociant, par Savary, 4. 2 vol.
- - - Maréchal, par Soleyſel, 4. 2 vol. François Allemand.
Pharmacopée Univerſelle, par Lemery, 4.
Penſées ſur les Cometes, par Bayle, 12. 4 vol.
Polexandre, Hiſtoire Romaine, en 5 tomes, Livre rare.
Poëſies de l'Abbé Desmarais 12. 2 vol.
Placette Ecrits divers 12.
Perſpective de Niceron fol. Paris.
Parnaſſe reformé 8.
Principes du deſſein par Larreſſe fol.
Penſées de Paſcal. 12.
Pratique du Theatre 8. 3 vol.
- - - Medicinale de Gladbach 12.

Q

QUintilien de l'Inſtitution de l'Orateur, par Gedoyn, 4.

R

REflexions de Marc Antonin traduites par M. & Mad. Dacier, 12.
- - - ſur les Grands hommes 12.

Re-

Reflexions Morales avec des Notes d'Amelot de la Houssaye 12.

Rome Ancienne & Moderne, 3 vol. 12. avec fig. en Allemand.

Recueil des Pieces d'Eloquence, de Poësies & de Prose de Mrs. de l'Academie Françoise, 12. 28 vol. jusqu'à 1725. inclus.

Recreations de Mathematiques & de Physiques par Ozanam, 8. 4 vol.

—— —— Litteraires, 12.

Recherches de la Verité, par le Pere Malebranche, 4.

Ruses Innocentes de la Campagne, 4. fig.

Recueil des Ouvrages de Philosophie, de Theologie & Critique du Pere Daniel, 4. 3 vol.

Relation du Voyage de la Mer du Sud par Frezier 4. Paris.

Roman Bourgeois 12. 2 vol.

S

Spectateur ou Socrate Moderne, par Steele, 12. 6 vol.

Saillies d'Esprit, 12.

Science du Calcul 4.

- - - de la Cour de l'Epée & de la Robe 12. 4 vol.

Secretaire des Amans, 12.

Secrets d'Albert le Grand, 12.

Secrets concernants les Arts & Metiers 12. 4 vol.

Sermons de Tillotson 8. 5 vol.

- - - de Lenfant 8.

- - - de Lucas 8.

- - - de du Bosc. 8.

- - - de Saurin 8. 5 vol.

Simon, (Richard.) ses Lettres Choisies. 4 vol. *sous presse.*

Theatre

T

THeatre d'Italie fol. 4 vol.
- - - de la Grande Bretagne fol. 4 vol.
- - - de Savoye & Piemont.
- - - Historique fol. 5 vol.
- - - Italien, par Gherardi. 12. 6 vol. fig.
— — — & François, 12. 2 vol.
- - - de la Foire, ou l'Opera Comique, 12. 5 vol. fig.
- - - de Quinault, 12. 2 vol.
- - - de Boursault, 12. 2 vol.
Tacite avec les Notes Historiques & Politiques d'Amelot de la Houssaye, 12. 4 vol.
Travaux de Mars, 8. 3 vol. avec figures en Allemand.
Traité de la Construction & usage des Instrumens de Mathematique, par Bion, 4. fig.
Traité des Sections Coniques du Marquis d'Hospital, 4. fig.
- - - du Beau, par Crousaz, 12. 2 vol.
- - - des Medicamens & l'usage qu'on en doit faire, par Tauvry, 12. 2 vol.
- - - de la Religion Chrétienne, par Abbadie 12. 3 vol.
- - - General du Commerce, par Ricard, 4.
- - - des Changes Etrangers, 4.
Theologie Chrétienne, par Pegorier, 4.
Tablettes Guerrieres pour la commodité des Officiers & des Voyageurs, fig.
Titans ou l'Ambition Punie 8.

U.

l'UTilité des Voyages & les Avantages que la Recherche en procure, 12. 2 vol. fig.

Voyages en Moscovie & en Asie, par Corneille le Brun, 4. 5 vol. fig.

- - - au Nord, 12. 8 vol. fig.

- - - qui ont servi à l'Etablissement de la Compagnie des Indes, 12. 12 vol. fig.

- - - en Perse &c. par Chardin, 12. 10 vol. fig.

- - - de Cyrus 12.

- - - de Gentil. 12. 3 vol. fig.

- - - d'Italie, par Misson, 12. 4 vol. fig.

- - - - - - & Avantures de Leguat, 12. 2 vol. fig.

- - - - - - de Jean Struys, 12. 3 vol. fig.

- - - - - - aux Indes Occidentales, par Coreal, 12. 3 vol.

- - - - - - aux Isles d'Amerique, par le Pere Labat, 12. 6 vol. fig.

- - - - - - aux Indes, par Ovington, 12. 2 vol.

- - - - - - de Thomas Gage, 12. 2 vol. fig.

- - - - - - Historique de l'Europe, 12. 6 vol. fig.

- - - - - - en divers endroits, par Thevenot, 12. 5 vol. fig.

- - - - - - de Bernier au Mogol, 12. 2 vol. fig.

Vie du Cardinal d'Amboise, 4.

- - - & Avantures de Rozelli, 8. 2 vol.

- - - de Grammont, 12.

Vrai Theatre d'Honneur & de Chevalerie, ou le Miroir Heroïque de la Noblesse, fol. 2 vol. avec de belles figures.

Vie de Cromwel 8. 2 vol.

- - - de Boileau 12.

- - - de Descartes 4. 2 vol.

Vies

Vies des Hommes illustres par Plutarque 4. 8 vol. Paris.
- - - le même 9 vol. 12.

W.

WHeare, Methode pour lire l'Histoire Ecclesiastique & Civile, dans laquelle les meilleurs Historiens sont rangez dans l'ordre qu'il les faut lire. Avec un Suplement des Historiens des Nations particulieres, traduit de Latin en François: Et la Preface de M. Dodwel & les Additions faites par le Traducteur Anglois, traduites de l'Anglois. 12. *Sous presse.*

Y

YOlande Reine de Majorque, 12.

Z

ZUllima ou l'Amour pur, 12.
Zayde, Histoire Espagnole, 12.

www.ingramcontent.com/pod-product-compliance
Ingram Content Group UK Ltd.
Pitfield, Milton Keynes, MK11 3LW, UK
UKHW020322230726
13925UKWH00002B/564

9 782019 161798